簡単なのに、ちゃんとして見える!

フライパン
ひとつで

JN103893

ORANGE PAGE BOOKS

おうちごはん
格上げレシピ❸

contents

●この本の表記

【大さじ、小さじ、カップについて】
大さじ1は15mℓ、小さじ1は5mℓ、1カップは200mℓです。

【フライパンについて】
特に記載のない場合、直径26cmのものを使用しています。

【電子レンジについて】
加熱時間は600Wのものを基準にしています。500Wの場合は1.2倍を、700Wの場合は0.8倍を目安に加熱時間を調整してください。

殿堂入り！フライパンレシピ

いまや日々のおかず作りに欠かせない万能選手、フライパン。

『オレンジページ』の料理を振り返るうえでも、欠かせない存在です。

これまで、フライパンひとつでできるレシピを通し、皆さんのさまざまなリクエストにこたえてきました。

「あっ」と驚く手法で、ランキングをにぎわせたメニューは数しれず。

おかずからスイーツまで、まずはダイジェストでどうぞ！

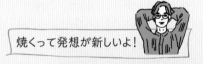
焼くって発想が新しいよ！

家で作ったとは思えない完成度。

これがフライパンで？ もはや神だな。

 こんないっぱいたべていいのー？

 まず家で「作れる」ってことが驚異♪

 パスタを湯きりしないの、画期的すぎ!!

料理／小田真規子
撮影／木村 拓（東京料理写真）
スタイリング／佐々木カナコ
熱量・塩分計算／五戸美香（ナッツカンパニー）

フライパンパエリア

専用鍋がなくてもお店の味に！

材料（直径26cmのフライパン1個分）

材料	分量
米	2合（360mℓ）
えび（殻つき）	10尾（約200g）
あさり（殻つき・砂出ししたもの）	250g
エリンギ	2本
赤パプリカ	½個
さやいんげん	10本
ベーコン	2枚
玉ねぎのみじん切り	½個分（約100g）
にんにくの薄切り	2かけ分
サフラン	小さじ¼〜½
白ワイン	大さじ2
レモンのくし形切り	適宜

オリーブオイル　塩　こしょう

下準備
● サフランと、水¼カップを混ぜて30分ほどおく。
● えびはよく洗って水けを拭き、殻の上から
　背に切り目を入れて、竹串で背わたを取る。
● あさりは殻と殻をこすり合わせて洗い、水けをきる。
● ベーコンは幅1cmに切る。
● エリンギは長さを半分に切り、縦4等分に切る。
● パプリカはへたと種を取って、2cm四方に切る。
● いんげんはへたを取って、長さを半分に切る。

3. 煮汁を加え、具をのせる

サフランをつけた水、白ワインと、塩小さじ1、水2カップを注ぎ入れ、ときどき混ぜながら3分ほど煮る。表面を平らにし、1、あさりをバランスよくのせる。

1. 具を炒め、取り出す

フライパンににんにくと、オリーブオイル大さじ1を入れて中火にかけ、香りが立つまで炒める。えび、エリンギ、パプリカ、いんげんを加えて2分焼き、返して1〜2分炒める。塩小さじ½、こしょう少々をふり、いったん取り出す。

4. ふたをして炊く

ふたをして煮立て、そのまま2分ほど煮る。弱火にして20〜25分炊き、ふたを取って強火で2分ほど炊いてお焦げを作る。火からおろし、食べるときにレモンを絞る。

（⅕量で355kcal、塩分2.5g）

2. 米を炒める

オリーブオイル大さじ1をたして中火で熱し、ベーコン、玉ねぎを入れて2分炒める。米をとがずに加え、透き通るまで3分炒める。

シーフードパエリア

魚介と野菜をふんだんに使い、
うまみたっぷり!
サフランの豊かな香りが、
食欲をそそります。

これお店の味じゃない?

パエリアパンなくても
できたー!

ムール貝にしたら
もっとオサレだよね。

材料（8個分）

肉だね	
豚バラ薄切り肉	150g
ねぎのみじん切り	50g
オイスターソース	大さじ1
片栗粉	小さじ2
砂糖	小さじ1
打ち粉用の薄力粉	適宜
サラダ油	

生地	
薄力粉	150g
ベーキングパウダー	小さじ2
砂糖	大さじ1½
塩	少々
ごま油	大さじ1
牛乳	80mℓ

● 生地を作る

1 ボールに、薄力粉、ベーキングパウダー、砂糖、塩を入れてよく混ぜる。中央をあけてごま油を流し入れ、手でまわりの粉をくずすように混ぜる。同様に中央をあけて牛乳を加え、なめらかになるまで練り混ぜる。

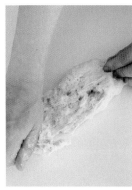

2 打ち粉をふった作業台に生地を置く。生地を向こう側に押し広げ、手前に折りたたむ。これを3分ほど繰り返し、なめらかになるまでこねる。丸く整えてボールに入れ、ラップをかけて、室温で20分ほどねかせる。

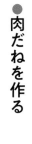

3 豚肉は幅5mmに切る。ボールに肉だねの材料を入れ、ひとまとまりになるまで2分ほど練り混ぜる。

● 生地を丸くのばす

4 まな板にかるく打ち粉をして生地をのせる。手でころがして20cmくらいの棒状にし、8等分に切る。1切れを手にのせ、縁をつまんで中央に引き寄せる。裏返してかるく丸め、直径9〜10cmの円形に手でのばす（乾いたふきんをかぶせておく）。

● 肉だねを包む

5 作業台に打ち粉をせずに生地をのせ、中心に肉だねの⅛量をのせる。生地の縁を持ち上げて半分に折り、つまんだ部分を留める。

6 生地の留めた部分をつまんだまま、細かくひだをとる（写真上）。最後は親指と人さし指でつまんで、口をしっかりと閉じる。残りも同様に包む。包んだものは乾いたふきんをかぶせ、乾燥を防ぐ。

● フライパンで焼く

7 フライパンにサラダ油小さじ1を中火で熱する。肉まんを間隔をあけて並べ、焼き色がつくまで4〜5分焼く。水¾カップを注ぎ、ふたをして、ほぼ水分がなくなるまで8分ほど焼く。ふたを取り、カリッとするまで焼く。
（1個分 182kcal、塩分0.5g）

肉まんって
焼いてもいいんだ!

かわがあまくておいしい〜。

「焼き小籠包」みたい、
めっちゃ美味♥

豚バラの焼き肉まん

粗く刻んだ豚バラ肉で
たねを作るから、
うまみも食べごたえも充分!

フライパン角煮

下準備

- にんにくは縦半分に切ってしんを取り、さらに横半分に切る。
- ねぎは縦に1本切り目を入れ、しんを取り除く。開いて斜めにせん切りにして水にさらし、水けをきる（しらがねぎ）。
- 豚肉は横に幅2cmに切る。
- しょうゆだれの材料を混ぜる。

材料（2人分）

豚バラかたまり肉	400g
ゆで卵（半熟状のもの※）	2個
にんにく	2かけ
しょうゆだれ	
しょうゆ、砂糖	各大さじ3
ねぎの白い部分	1/4本分

※熱湯で6分ゆでて冷水にとり、殻をむく。

2. たれを加え、しっかりからめる

しょうゆだれを加えて中火で煮立て、照りが出るまで味をしっかりとからめる。

1. 豚肉を焼きつける

フライパンを油を入れずに弱めの中火にかけて30秒ほど温め、豚肉を並べ入れて焼き色がつくまで4〜5分焼く。裏返して弱火にし、出てきた脂を拭きながら全面を4〜5分焼く。

3. 水を加え、蒸し煮にする

にんにくと、水1/2カップを加え、煮立ったらふたを少しずらしてのせ、弱火で15分蒸し煮にする。ふたを取ってゆで卵を加え、味をからめながら2〜3分煮る。卵を半分に切って豚肉とともに盛り、しらがねぎを添える。

（1人分762kcal、塩分1.7g）

にんにくしょうゆ角煮

フライパンで蒸し煮にし、
最短で「しみしみ」をめざした画期的手法。
こくのある甘辛しょうゆ味に、
にんにくでパンチをプラス!

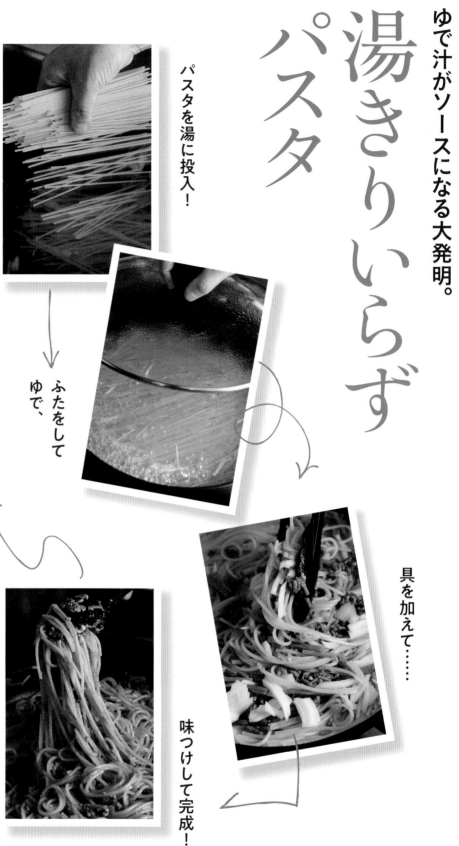

ゆで汁がソースになる大発明。

湯きりいらず
パスタ

パスタを湯に投入!

ゆで、
ふたをして

具を加えて……

味つけして完成!

ミートソース風
スパゲティ

ケチャップ+粉チーズで、
こくのあるトマト味に!
細切り野菜の食感もアクセント。

材料（2人分）
スパゲティ[※]······················200g
合いびき肉·····················150g
にんじん·················1/3本（約50g）
玉ねぎ··················1/4個（約50g）
にんにく·························1かけ
粉チーズ·························適宜
オリーブオイル　塩　トマトケチャップ
※太さ1.6mm、ゆで時間9分のものを使用。

下準備
●にんじんは皮をむいて細切りにする。
●玉ねぎは横半分に切り、縦に薄切りにする。
●にんにくは細切りにする。
●スパゲティは長さを半分に折る。

1. 湯にスパゲティを加える

フライパンににんにくと、オリーブオイル大さ
じ1を中火で熱し、香りが立つまで炒める。水
2 1/4カップ、塩小さじ1を加えて煮立て、スパ
ゲティを加える。

2. ふたをしてゆでる

すぐにスパゲティをよく混ぜ、再び煮立ったら
ふたをし、5分ゆでる。

3. 具を加えてゆでる

ふたを取ってスパゲティを手早くほぐし、にん
じん、玉ねぎ、ひき肉を加える。全体を混ぜな
がら、汁けがほぼなくなるまで3〜4分ゆでる。

4. 味つけする

フライパンの中央をあけ、トマトケチャップ大
さじ4、粉チーズ大さじ3を1カ所に加え、そ
の部分をよく混ぜて煮立たせてから、全体に
からめる。器に盛り、粉チーズ適宜をふる。
　　　　（1人分713kcal、塩分4.5g）

このラクさを知ったら、も一戻れないわ!

パスタの中まで味がしみてるの、すごい。

フライパングラタン

牛乳液とマカロニを加えたら、

蒸し煮にするだけ！

炒めた具に粉をふって

1. 具を炒め、小麦粉をからめる

フライパンにサラダ油大さじ1を中火で熱し、鶏肉、しめじ、しいたけを入れる。あまり動かさずに2分ほど焼いてから、1分ほど炒める。全体に油が回ったら小麦粉大さじ4をふり入れ、焦がさないよう注意しながら1〜2分炒めて、火を止める。

2. 牛乳液を注ぎ、マカロニを加える

牛乳液を少しずつ加え、そのつど木べらで混ぜる。バター20gを加えて中火にかけ、よく混ぜながら煮立たせる。マカロニを加えて混ぜ、煮立ったら弱火にする。ときどき混ぜながら5分ほど煮てアスパラを加え、さらに3〜4分煮る。

3. チーズを散らし、蒸し煮にする

チーズを散らしてふたをし、チーズが溶けるまで強火で2〜3分蒸し煮にする。　　　　（1/4量で476kcal、塩分2.1g）

材料（3〜4人分）

鶏もも肉	1枚（約250g）
しめじ	1パック（約100g）
生しいたけ	4個
グリーンアスパラガス	4本
マカロニ（ゆで時間9分のもの）	120g
牛乳液	
牛乳	1½カップ
水	1カップ
塩	小さじ1
ピザ用チーズ	80g

サラダ油　小麦粉　バター

下準備
● しめじは石づきを切り、小房に分ける。
● しいたけは石づきを切り、縦半分に切る。
● アスパラは根元を少し切り、根元の堅い皮をピーラーで削って長さ3cmの乱切りにする。
● 鶏肉は2cm角に切る。
● 牛乳液の材料を混ぜる。

おこげかりかり〜、おいしいね。

上に焼き目がつかなくても、これならいいなあ。

鶏肉ときのこの
マカロニグラタン

まろやかなホワイトソースと、
チキンやしいたけのうまみが相性抜群。
仕上げの「強火」でお焦げができます。

ハニーレモンバウム

生地にバターとはちみつをたっぷり使い、しっとりした食感に。
レモンがほんのり香る、さわやかな味わいです。

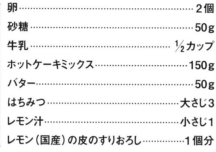

材料 (直径約7×長さ約16cmのもの1本分)

生地

卵	2個
砂糖	50g
牛乳	½カップ
ホットケーキミックス	150g
バター	50g
はちみつ	大さじ3
レモン汁	小さじ1
レモン (国産) の皮のすりおろし	1個分

サラダ油

下準備

● ペーパータオル1枚を折りたたみ、
サラダ油適宜をなじませる。

● バターを薄切りにして耐熱のボールに入れる。
ボールの底を熱湯に当て (湯せん)、混ぜて溶かす。

● 大きめのボールに生地の材料を順に入れ、
そのつど泡立て器でよく混ぜる。

● 「しん」の作り方

割り箸2ぜんを1本ずつに割り、長さ16cmのところに切り込みを入れて折る。25×10cmに切ったアルミホイルの手前に、割り箸の太いほうと細いほうを互い違いにして4本のせ、巻く。ホイルの両端をねじり、中心に向かって折り返す。サラダ油少々を表面全体に塗る。

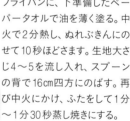

1. 生地をのばして
蒸し焼きに

フライパンに、下準備したペーパータオルで油を薄く塗る。中火で2分熱し、ぬれぶきんにのせて10秒ほどさます。生地大さじ4〜5を流し入れ、スプーンの背で16cm四方にのばす。再び中火にかけ、ふたをして1分〜1分30秒蒸し焼きにする。

2. 生地をしんに
巻きつけて

生地の表面にぷつぷつと気泡ができたら、しんを生地の右端から1cmのところにのせる。フライ返しで生地をしんに押しつけながら、左に向かってころがし、きっちりと巻いていく。巻き終わったら、全体にこんがりと焼き色がつくまで、1分〜1分30秒ころがしながら焼き、いったん取り出す。

3. 〈焼いて巻く〉を繰り返す

フライパンにペーパータオルで油を薄く塗る。再び中火で30秒ほど熱して、ぬれぶきんにのせて10秒ほどさます。作り方**1**、**2**を参照し、同様に生地を焼き、生地を巻いたしんをのせ、さらに巻いていく。生地がなくなるまで6〜7回繰り返す。

どんどん太くなっていくの、楽しい♪

4. しんを抜いて、でき上がり！

フライパンから取り出して5分ほどおく。粗熱が取れたらラップでぴっちりと包む。さめたら、しんを少しずつ回しながら引き抜き、食べやすく切り分ける。
（1/6量で262kcal、塩分0.5g）

●すきまができたら

3〜4回巻いて太くなり、生地が一周巻ききらなくなったら、ボールに残った生地をこそげ取り、すきまに薄く塗って焼きつけて。

PART

1

gorgeous!

フライパンひとつで
ごちそう!

「ローストビーフって、オーブンがなきゃできないって思ってました!」。
フライパンで焼くローストビーフの企画には、驚きの声がいっぱい届きました。
極厚ピザも、ミートローフも、「ほんとにフライパンで!?」とびっくりする声、多数。
でも、じつは、こんがり焼くのも、しっとり蒸し焼きにするのも大得意!
あまりのおいしさに、いい意味で予想を裏切られるはずですよ。

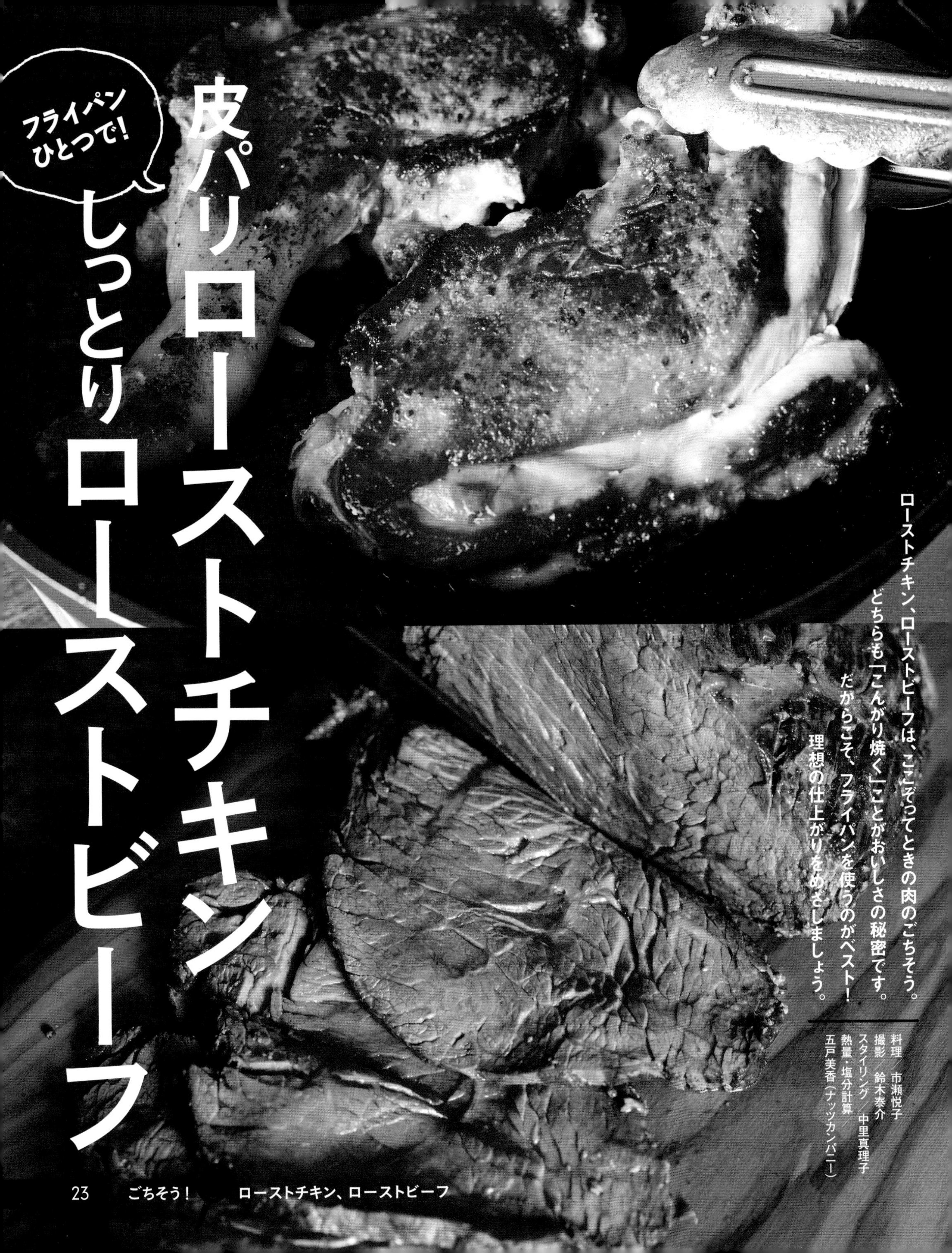

皮パリ ローストチキン

しっとり ローストビーフ

ローストチキン、ローストビーフは、ここぞってときの肉のごちそう。

どちらも「こんがり焼く」ことがおいしさの秘密です。

だからこそ、フライパンを使うのがベスト！

理想の仕上がりをめざしましょう。

料理　市瀬悦子
撮影　鈴木泰介
スタイリング　中里真理子
熱量・塩分計算
五戸美香（ナッツカンパニー）

皮パリローストチキン

材料（2人分）

鶏骨つきもも肉……2本（約600g）

下味
- ローズマリー……1〜2本
- にんにくのすりおろし……½かけ分
- 塩……小さじ⅔
- こしょう……小さじ⅓

ゆでたじゃがいも、ゆでたブロッコリー……各適宜

サラダ油　塩　粗びき黒こしょう　オリーブオイル

① 肉を切り開き、下味をつける

鶏肉は肉の面を上にして置く。骨の両側にそって深い切り込みを入れ、端まで入れて身を平らな状態にする。肉の厚い部分にも、2〜3本切り込みを入れる。下味の塩、こしょうを全体に、にんにくは肉の面だけにすり込む。保存袋にローズマリーとともに入れ、空気を抜いて口を閉じ、室温に30分ほど置く。

皮目全体を ひたすらじっくり焼けば、 香ばしい理想の「**皮パリ**」に！

② 皮目から焼く

フライパンにサラダ油大さじ½を中火で熱し、鶏肉を皮目を下にして入れ、ローズマリーをのせる。脂が出てきたらペーパータオルで拭き、トングなどでときどき押さえながら9〜10分焼く。弱火にしてさらに3〜4分焼く。

ここ失敗しがち！
鶏から出た脂の中で焼いていると、パリッとしません。必ず拭き取って！

「**はちみつ照り焼きソース**」をかけても。

材料（2人分）と作り方

1. 上記の材料と作り方を参照し、同様に作る。ただし下味のローズマリーは除き、塩を小さじ½にする。また、つけ合わせはベビーリーフ適宜に替える。

2. フライパンをさっと拭き、しょうゆ大さじ2、はちみつ小さじ2、砂糖大さじ½、粗びき黒こしょう少々を入れて混ぜる。中火にかけ、混ぜながら煮つめて、かるくとろみがついたらローストチキンにかける。（1人分427kcal、塩分3.7g）

③ 裏返し、さらに焼く

裏返して5分焼き（ローズマリーがこんがりしたら途中で取り出す）、器に盛る。じゃがいも、ブロッコリーを添えて、塩、粗びき黒こしょう、オリーブオイル各適宜をかける。

（1人分469kcal、塩分2.7g）

自分史上最高の
パリパリ、キターー。

この「皮パリ」感動もの。
毎年これでいこっ♪

「チーズクリームソース」をつけても。

材料（2人分）と作り方

1. 右記を参照し、同様に作る（ソース用の材料と赤ワインは除く）。フライパンに残った玉ねぎは器に取り出す。

2. クリームチーズ50g（室温にもどす）、粒マスタード、牛乳、砂糖各小さじ1、レモン汁小さじ½、塩ひとつまみを混ぜ、チーズクリームソースを作る。ローストビーフに、ソースと**1**の玉ねぎを好みで添える。

（1人分368kcal、塩分1.5g）

材料（作りやすい分量）

牛ももかたまり肉

　（約10×12〜13×厚さ5cmのもの）……600g

玉ねぎの粗いみじん切り……1個分

ソース用

　にんにくのすりおろし……¼かけ分

　しょうゆ……大さじ3

　みりん……大さじ2

　砂糖……大さじ1½

赤ワイン……大さじ3

クレソン……適宜

塩　こしょう　サラダ油

下準備

●牛肉は焼く1時間前に冷蔵庫から出し、
　室温に置く。

① 肉の表面を焼きつける

牛肉は塩小さじ⅔、こしょう小さじ⅓をふって、よくすり込む。フライパンにサラダ油大さじ½を中火で熱し、牛肉の広い面4カ所を1分30秒〜2分ずつ焼く。さらに両端を30秒ずつ焼き、一度取り出す。

② 玉ねぎにのせ、蒸し焼きにする

フライパンの汚れを拭き、サラダ油大さじ½を中火で熱する。玉ねぎを入れて2分ほど炒め、中央に集めて牛肉をのせる。ふたをして弱火で5分蒸し焼きにし、裏返してさらに6分ほど蒸し焼きにする。肉の中心に竹串を刺して下唇に当て、ぬるいくらいに温かければ取り出す。

ここ失敗しがち！
いちばんありがちな失敗は「焼きすぎ」。肉を玉ねぎにのせることで、熱の当たりがソフトになるんです。玉ねぎはソースにもなって一石二鳥！

③ ホイルに包んで放置する

アルミホイル2枚を重ねて広げ、牛肉を包む。1時間ほどおいて肉汁を落ち着かせ、余熱で火を通す。フライパンに残った玉ねぎを中火にかけて赤ワインを加え、こそげながら1分30秒ほど煮る。ソース用の材料を加えて混ぜ、煮立ってから30秒ほど煮つめる。ローストビーフを切り分け、器に盛ってソースをかけ、クレソンを添える。

（¼量で372kcal、塩分3.1g）

「玉ねぎシート」にのせて
じんわりと蒸し焼きにすれば
驚くほど**「しっとり」**！

とにかくしっとり！
自分で作ったと
思えないわ（笑）。

オーブンがなきゃ
ムリって思ってたー。

玉ねぎソース最高！　白めしに合う！

柔らかチャーシュー

フライパンで作る

料理／大庭英子
撮影／寺澤太郎
スタイリング／福泉響子
熱量・塩分計算／
五戸美香（ナッツカンパニー）

表面はこっくりとしたあめ色で香ばしく、中はとびきりジューシー。そんな本格的なチャーシューが、なんとフライパンで作れるんです。ふたをして弱火でじっくり蒸し焼きにするだけで、パサつかず、ふっくら柔らか！ 日もちするから、まとめて作るのがおすすめです。

 こってり甘いはちみつだれ、大好き♪

「蒸し焼き」だからふっくらするんだね。

保存memo ●

たれとともに保存袋に入れ、空気を抜いて口を閉じる。冷蔵庫で2〜3日保存可能。食べる分だけ冷たいうちに切り、室温に置くか、ラップをして電子レンジでかるく温める（6切れで約1分が目安）。

肉を漬けだれに漬ける

豚肉は味がしみやすいよう竹串で30カ所ほど刺す。保存袋に漬けだれの材料を合わせ、豚肉を入れる。空気を抜いて口を閉じ、冷蔵庫で2時間以上〜一晩置く。焼く1時間ほど前に冷蔵庫から出し、室温にもどしておく。

はちみつしょうゆチャーシュウ

こってり甘めのしょうゆ味は、ご飯がすすむ味！
たれにとろみがつくまで煮つめるのがポイント。

材料（作りやすい分量）

豚肩ロースかたまり肉
（直径7〜8cm・約400g・ネット入りのもの※）……2個

漬けだれ
- ねぎの青い部分……6cm
- にんにくの薄切り……1かけ分
- しょうゆ、酒……各大さじ2
- しょうが汁……大さじ1
- こしょう……少々

はちみつしょうゆだれ
- 酒……大さじ2
- しょうゆ……大さじ3
- はちみつ……大さじ2

つけ合わせ
- しらがねぎ（P14参照）……½本分
- 好みのレタス……適宜
- 練り辛子……少々

サラダ油

※手に入らない場合は、たこ糸をらせん状にぐるぐると、きつめに巻きつける。

たれを加え、煮つめる

豚肉にはちみつしょうゆだれの材料を順番に回しかける。中火にし、肉の表面に照りが出るまで、たれをからめながら3分ほど煮つめる。豚肉を取り出し、さます（残ったたれはとっておく）。ネットを取って幅5〜6mmに切り、器に盛る。つけ合わせを添え、たれをかける。（¼量で520kcal、塩分2.5g）

ふたをして蒸し焼きにする

ふたをして弱火にし、30〜40分蒸し焼きにする。途中で様子をみて、2〜3回豚肉をころがす。

ここ失敗しがち！
水を入れず、肉から出る蒸気だけで蒸していく方法。ぴったり閉まらないふただと、蒸気が逃げて焦げてしまうのでNGです！

肉の表面を焼く

フライパンにサラダ油小さじ1を中火で熱し、豚肉を入れる。ころがしながら全体に焼き色がつくまで4分ほど焼く。

次の日のお楽しみ。

甘く濃厚な甜麺醤を塗って、うまみ倍増！

チャーシュウのゆで野菜巻き

材料（2人分）と作り方

1. にんじん½本は皮をむいてせん切りにし、貝割れ菜½パックは根元を切る。熱湯に塩少々を入れて中火にし、キャベツの葉（大）3枚を入れてしんなりするまで2分ほどゆでる。粗熱を取り、水けを拭いて縦に半分に切る。

2. 器にチャーシュウの薄切り6切れと野菜を盛り、甜麺醤（テンメンジャン）大さじ3を添え、キャベツで包んで食べる。

（1人分303kcal、塩分2.2g）

バターと辛子の風味が、チャーシュウによく合います。

チャーシュウサンド

材料（2人分）と作り方

1. バター大さじ3は室温にもどす。キャベツの葉3枚はせん切りにする。食パン（8枚切り）4枚はかるくトーストし、熱いうちにバターを塗る。

2. パン2枚に練り辛子を大さじ⅓〜½ずつ塗ってキャベツを敷き、チャーシュウの薄切り6切れをたれにからめてのせる。残りのパンをかぶせ、皿などをのせてかるく重しをする。半分に切って器に盛る。

（1人分612kcal、塩分3.0g）

主役！

料理／髙山かづえ　撮影／田村昌裕
スタイリング／浜田恵子
熱量・塩分計算／五戸美香（ナッツカンパニー）

タワー盛り油淋鶏（ユウリンジー）

大きく揚げれば、ジュワッとあふれる肉汁が！
すっきりとした甘酢だれと相性抜群です。

フライパンで
まるごと揚げに！

① 材料の下ごしらえをする

鶏肉は余分な脂肪を取り除き、2cm間隔で浅く切り込みを入れて、筋切りする。バットに下味の材料を入れて混ぜ、鶏肉を加えて全体にすり込む。ねぎ甘酢だれの材料を混ぜ合わせる。

② 鶏肉にころもをからめる

片栗粉大さじ4、水大さじ2½、しょうゆ小さじ1を混ぜて①の鶏肉に回しかけ、全体にからめる。

③ フライパンで揚げて仕上げる

フライパンに揚げ油を高さ2cmほど入れ、中温※に熱する。②を1枚入れて2分ほど揚げ、ころもが固まったら裏返して、さらに4〜5分揚げる。もう1枚も同様にする。粗熱が取れたら一枚を6等分に切り、レタスを敷いた器に盛って①のたれをかける。　　（¼量で359kcal、塩分2.5g）

※170〜180℃。乾いた菜箸の先を底に当てると、細かい泡がシュワシュワッとまっすぐ出る程度。

材料（3〜4人分）

鶏もも肉……2枚（約500g）

下味
| しょうがのすりおろし……½かけ分
| 塩……小さじ½
| こしょう……少々

ねぎ甘酢だれ
| 赤唐辛子の粗いみじん切り……1本分
| ねぎの粗いみじん切り……½本分
| しょうゆ……大さじ3
| 酢、砂糖……各大さじ2
| ごま油……大さじ1

レタスのせん切り……適宜

片栗粉　しょうゆ　揚げ油

盛りつけmemo

土台のレタスの上に鶏肉を丸く、山高に積めば、目を引くタワー形に。ねぎたっぷりの甘酢だれをてっぺんからかけて、おめかしを。

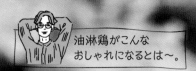

油淋鶏がこんな
おしゃれになるとは〜。

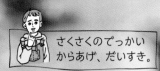

さくさくのでっかい
からあげ、だいすき。

甘酸っぱいたれのせいで
食欲全開だな、もう!!

**all フライパン
だから気楽。**

人が集まる日は「鶏もも」が

友達や家族などが集まる日。気軽にごちそうを作るなら、「鶏もも肉」がおすすめ。
切らずにまるごとダイナミックに使い、盛り方にひと工夫すればパッと華やか♪　無理なくステキなおもてなしができますよ。

材料（3〜4人分）

鶏もも肉……2枚（約500g）

溶き卵……1個分

南蛮だれ
| 赤唐辛子……½本
| しょうゆ、酢、砂糖……各大さじ2

タルタルソース
| ゆで卵……2個
| 玉ねぎのみじん切り……⅙個分
| ゆでたブロッコリー……½株
| マヨネーズ……大さじ4
| プレーンヨーグルト……大さじ2
| 塩……ひとつまみ

塩　こしょう　小麦粉　揚げ油

材料の下ごしらえをする

鶏肉は余分な脂肪を取り除き、2cm間隔で浅く切り込みを入れて、筋切りする。塩小さじ½、こしょう少々を混ぜてすり込む。小麦粉を薄くまぶし、溶き卵にくぐらせる。小さめの鍋に南蛮だれの材料を混ぜ、ひと煮立ちさせてバットに移す。

フライパンで鶏肉を揚げる

フライパンに揚げ油を高さ2cmほど入れ、中温※に熱する。①の鶏肉1枚を入れて2分ほど揚げ、ころもが固まったら上下を返し、4〜5分揚げる。油をきり、熱いうちに①の南蛮だれにくぐらせる。もう1枚も同様にする。一枚を3等分に切り、器に盛る。

タルタルを作り、仕上げる

ゆで卵、ブロッコリーは粗く刻み、残りのタルタルソースの材料と混ぜる。②の鶏肉に少しかかるように盛る。

（¼量で465kcal、塩分2.6g）

 盛りつけmemo

鶏肉は断面を上にして、ジューシー感をアピール。タルタルは肉に全量かけず、わざと器にこぼすようにかけるときれい。

「揚げ鶏」で華やか！

人気の揚げ鶏メニューは、まるごと揚げて大きく切れば存在感MAX！
ころもで肉汁がキープされるので、ジューシーさも抜群です。

具だくさんタルタルの
チキン南蛮

ブロッコリーを加えると、さっぱり系のタルタルに。ヨーグルトの酸味もあとを引きます！

サラダをいっしょに食べてるみたい！

ヨーグルトのさっぱり感が好き♥

① 鶏肉の下ごしらえをする

鶏肉は余分な脂肪を取り除き、ラップをかけてめん棒でたたき、厚みを均一にする。バットに下味の材料を入れて混ぜ、鶏肉を加えてからめる。30分ほどおき、汁けをきって小麦粉適宜を全体にまぶす。再びさっと下味にくぐらせて、小麦粉適宜を全体にまぶす。

② フライパンで揚げ、仕上げる

フライパンに揚げ油を高さ2cmほど入れ、中温※に熱し、①を1枚入れる。2分ほど揚げ、ころもが固まったら上下を返し、油を回しかけながら5〜6分揚げる。もう1枚も同様にする。粗熱が取れたら、幅2cmに切って、あればフライドポテトとともに盛る。 （¼量で349kcal、塩分1.4g）

※170〜180℃。乾いた菜箸の先を底に当てると、細かい泡がシュワシュワッとまっすぐ出る程度。

材料（3〜4人分）

鶏もも肉 ……2枚（約500g）

下味
| にんにくのすりおろし …… ½かけ分
| 牛乳 …… ½カップ
| 塩 …… 小さじ1
| 粗びき黒こしょう …… 少々

あればつけ合わせのフライドポテト …… 適宜

小麦粉　揚げ油

盛りつけmemo

バスケットにペーパーをざっと敷き、立てて盛って。ポテトなどのつけ合わせを先に盛り、立てかけるように並べると安定します。

手で気軽につまめる「棒状」がポイント。
にんにく＆黒こしょうの風味で
お酒がすすみます！

スティック
フライドチキン

「鶏チャーシュウ」がそそる！

テーブルに出すとわーっと歓声の上がるチャーシュウ。
コスパのいい鶏もも肉を使い、たこ糸なしで作れる簡単バージョンをご紹介します。

巻かない鶏チャーシュウ

平らなまま煮るからラクチンですが、味は本格派。中華料理ではおなじみの「五香粉」で香り豊かに仕上げます。

材料memo ●五香粉（ウーシャンフェン）
山椒に似た風味を持つ花椒をメインに、丁子、八角、ういきょう、肉桂などを混ぜた中国のミックススパイス。

材料（4人分）

鶏もも肉……2枚（約500g）

しらがねぎ……½本分

水菜のざく切り……2株分

下味
| 五香粉（ウーシャンフェン）（左記参照）……少々
| しょうゆ、砂糖……各大さじ4

はちみつ……大さじ1

酒

てりってり！　テンション上がるわー。

① 鶏肉を下味に漬ける

鶏肉は余分な脂肪を取り除く。下味の材料とともにバットに入れてかるくもみ、30分ほどおく。途中で一度、裏返す。

② 落としぶたをし、弱火で煮る

フライパンに①の鶏肉と下味、酒½カップを入れ、落としぶた※をして中火で熱する。煮立ったら弱火にし、途中2〜3回返しながら、煮汁がうっすら残るくらいまで12分ほど煮る。

※オーブン用シートをフライパンの直径よりひとまわり大きめの円形に切り、真ん中に穴をあけたもの。

③ はちみつを加えてからめる

落としぶたを取り、はちみつを加えて、照りが出るまで2分ほど煮からめる。粗熱を取り、幅5〜6mmに切る。しらがねぎと水菜をともに水にさらし、しっかりと水けをきる。器に鶏肉と交互に盛る。

（1人分353kcal、塩分2.9g）

盛りつけmemo
チャーシュウはつやつやの皮目を最大限見せるのが鉄則。一直線に見栄えよく並べます。つけ合わせは水菜としらがねぎで2色使いにし、まとめて盛って。

鶏だしフライパンだし。とにかく手軽！

包み系☆びっくりハンバーグ

料理／市瀬悦子
撮影／木村 拓（東京料理写真）
スタイリング／しのざき たかこ
熱量・塩分計算／
五戸美香（ナッツカンパニー）

ファミレスの
楽しさを
おうちで！

切ると具が出てくる
ファミレスのハンバーグは、
大人も子どももテンションアップ！
チーズがとろっと流れ出すと、
うれしくなっちゃいます。
今回はこれをおうちで
失敗なく作れるコツを大公開。
アルミホイルで「包む」
リッチなドミバーグもありますよ♪

下準備

- じゃがいもはよく洗って皮ごと半分に切り、それぞれ8等分のくし形切りにする。フライパンにサラダ油大さじ½を中火で熱し、じゃがいもの両面を3分ずつ焼いて取り出し、塩少々をふる。
- 耐熱のボールにケチャップバターソースの材料を入れて混ぜる。ふんわりとラップをかけ、電子レンジで1分加熱し、さらによく混ぜる。

材料（2人分）

じゃがいも……1個（約130g）
クレソン……適宜
ケチャップバターソース
　トマトケチャップ……大さじ3
　中濃ソース……大さじ1
　バター……5g
　水……小さじ1
サラダ油　塩

たね
　合いびき肉……250g
　パン粉……1カップ
　溶き卵……1個分
　牛乳……大さじ3
　塩……小さじ¼
　こしょう……少々
スライスチーズ（溶けるタイプ）
　……2枚

チーズがとびでるハンバーグ

バターの香るケチャップソースと、チーズの相性が最高。2つのたねで上下からはさむことで、チーズを完璧に包み込めます。

③ フライパンで蒸し焼きにする

フライパンにサラダ油大さじ½を中火で熱し、②のたねをそっと並べ入れる。3分ほど焼いて焼き色がついたら裏返し、さらに2分ほど焼く。水⅓カップを加えてすぐにふたをし、弱火にして7分ほど蒸し焼きにする。じゃがいも、クレソンとともに器に盛り、ケチャップバターソースをかける。　（1人分602kcal、塩分3.2g）

② 2枚のたねでチーズをはさむ

スライスチーズを半分に折り、さらに3等分に折ってたねの中央に置く。もう1つのたねを、上からそっと重ねる。手のひらにのせ、上下のたねの端をつまんでくっつけ、長径13cm、厚さ3〜4cmに整える（具のある場所を、上からつぶさないように注意）。もう1つも同様に作る。

① たねを作り、成形する

ボールにひき肉以外のたねの材料を入れてかるく混ぜ、ひき肉を加えて、手で粘りが出るまで練り混ぜる。4等分し、それぞれ手のひらに数回投げて空気を抜く。厚さ1cm弱の平らなだ円に成形し、ラップを全面に敷いたまな板に並べる。

> **ここ失敗しがち！**
> 焼いている間にチーズが溶け出してきたらがっかり！　くっつけたたね2枚の端は指でなでてよくなじませ、チーズを閉じこめておくのが肝心。

> これが自分で作れるなんて感激♪

> チーズの流れっぷり、ファミレス超えー!!

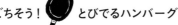

とろとろ卵好きにはたまらないアレンジ。
甘辛い照り焼きソースとのコラボで、
ご飯のお代わり必至！

半熟卵がとびでる
ハンバーグ

① **半熟卵を作る**

小鍋にたっぷりの水を入れ、卵を入れて15分ほどおく。中火にかけ、ころがしながら加熱する。煮立ったら、さらに3分ほどころがしながらゆで、すぐに冷水にとって殻をむく。

② **半熟卵を包んで
蒸し焼きにする**

P39の作り方を参照し、チーズをゆで卵に替えて同様に作る。ただし作り方②で、たねは長径11cm、厚さ5〜6cmに整え、蒸し焼きの時間は9分にする。温かいご飯、プチトマト、水菜とともに器に盛り、照り焼きソースをかける。　　　（1人分831kcal、塩分4.1g）

材料（2人分）

P39の「たね」の材料 …… **全量**

卵 …… **2個**

水菜、プチトマト、温かいご飯 …… **各適宜**

照り焼きソース

┃ しょうゆ、水 …… **各大さじ2**
┃ みりん、砂糖 …… **各大さじ1**
┃ 片栗粉 …… **小さじ1**

サラダ油

下準備

● 水菜は根元を切り、長さ5cmに切る。
● 耐熱のボールに照り焼きソースの材料を入れて混ぜ、ふんわりとラップをかけて電子レンジで1分30秒加熱し、さらによく混ぜる。

肉汁とともに飛び出すコーンに感動！
はちみつで甘みをきかせた
オニオンソースでどうぞ。

バターコーンが
とびでる
ハンバーグ

材料（2人分）

P39の「たね」の材料 ⋯⋯ 全量
ホールコーン（缶詰） ⋯⋯ 大さじ5
ベビーリーフ ⋯⋯ 適宜
ハニーオニオンソース
　玉ねぎのすりおろし ⋯⋯ 大さじ3
　にんにくのすりおろし ⋯⋯ 少々
　しょうゆ、水 ⋯⋯ 各大さじ2
　はちみつ ⋯⋯ 大さじ1
　砂糖、片栗粉 ⋯⋯ 各小さじ1
塩　こしょう　バター　サラダ油

下準備

● 耐熱のボールにハニーオニオンソース
の材料を入れて混ぜ、ふんわりとラップ
をかけて電子レンジで1分30秒加熱
し、さらによく混ぜる。

①

バターコーンを作る

耐熱容器にコーンを汁けをきって入れ、
塩、こしょう各少々をふってバター5gを
のせる。ふんわりとラップをかけて電子レ
ンジで30秒ほど加熱する。ラップを取り、
バターが溶けるまで混ぜ合わせる。

②

バターコーンを包んで
蒸し焼きにする

P39の作り方を参照し、チーズをバター
コーンに替えて同様に作る。ただし、具
をのせるとき、まわりを1.5cm以上あけて
おくようにする。器に盛り、ベビーリーフ
を添えてハニーオニオンソースをかける。

（1人分560kcal、塩分4.1g）

 ありそうでなかった発想！

 コーンとはちみつソース、めっちゃ合う。

「ホイル包み」も楽しい☆

ソースといっしょにホイルで包めば、さらにしっとりと焼き上がり、たねのジューシー感アップ！　まるでハンバーグ専門店のようなクオリティです。

●アルミホイルの器の作り方

25×25cmのアルミホイルを4枚用意する。2枚はそれぞれ四辺を立ち上げ、約10×15cmの器状に成形する。残りの2枚はふた用に置いておく。

下準備
- ドミシチューソースの材料を混ぜる。
- 玉ねぎは幅1cmのくし形切りにする。
- じゃがいもは皮をむき、幅3〜5mmのいちょう切りにする。

ドミシチューソース
ドミグラスソース缶詰（290g入り）
　……1/2缶
トマトケチャップ……大さじ3
洋風スープの素（顆粒）……小さじ1/2
赤ワイン（なければ酒）……大さじ2
ウスターソース……大さじ1/2
玉ねぎ……1/4個
じゃがいも……1個（約130g）
パセリのみじん切り、コーヒーフレッシュ
　……各適宜
サラダ油

材料（2人分）
たね
合いびき肉……200g
パン粉……1カップ
溶き卵……1個分
牛乳……大さじ3
塩……小さじ1/4
こしょう……少々

市販のドミグラスソースにケチャップをブレンドし、奥深い味わいに。ポテトや玉ねぎにもソースがからみ、リッチなシチューのよう。

ドミシチューのホイルバーグ

① たねを作り、表面を焼きつける

ボールにひき肉以外のたねの材料を入れてかるく混ぜ、ひき肉を加えて、手で粘りが出るまで練り混ぜる。2等分にして、それぞれ手のひらに数回投げて空気を抜き、厚さ1.5〜2cmのだ円に成形する。フライパンにサラダ油大さじ1/2を中火で熱して、たねを並べ入れる。3分ほど焼いて焼き色がついたら裏返し、さらに2分ほど焼いて取り出す。

② 具とソースを入れて包む

アルミホイルの器に玉ねぎ、じゃがいもの1/2量を広げ、中央にハンバーグ1個を入れて、ドミシチューソースの1/2量をかける。上からふた用のアルミホイルをふわっとかぶせ、端を折り込むようにして包む。もう1つも同様にする。

③ フライパンで蒸し焼きにする

フライパンをさっと洗って②を並べ、ふたをして中火で2分加熱する。フライパンに湯1/3カップを加えて弱火にし、再びふたをして10〜12分加熱する※。器に盛り、ふた用のアルミホイルをはずす。コーヒーフレッシュをかけ、パセリをふる。

　（1人分575kcal、塩分4.0g）

※じゃがいもの火の通りを確認するため、竹串を刺してみて、通らなければさらに2〜3分蒸し焼きにする。

ふわ〜っと湯気が出て、子どもたち大興奮！

フライパンで 和風ミートローフ

洋食の定番、ミートローフ。オーブン必須なイメージですが、じつはフライパンでも手軽に作れるんです。
秘密は「ホイルの枠」。きちんと四角く成形できるうえ、途中で具をはさめば美しい断面に!
ちょっとしたおもてなしや、年末のおせちを彩る一品としても活躍しそうです。

料理／鈴木 薫　撮影／髙杉 純　スタイリング／深川あさり　熱量・塩分計算／本城美智子

子どもが好きな
甘辛味でした♪

切り口きれい!!
作って自慢したい〜。

44

卵
を
ど
ー
ん
と
入
れ
て
、
見
栄
え
抜
群
！

人
気
の
照
り
焼
き
味
で
、
間
違
い
な
く
箸
が
す
す
む
は
ず
。

半熟卵の照り焼きミートローフ

下準備

● いんげんは両端を切り、耐熱皿ににんじんとともに並べ、水少々をふる。ふんわりとラップをかけ、電子レンジで1分ほど加熱して水けを拭く。

● アルミホイルの枠の作り方

幅25〜30×長さ60cmのアルミホイルを3枚用意する。重ねて幅を4等分に折り、さらに幅が5cmになるように下部を折る。折り返した面を外側にし、 18×7cmの長方形の枠を作る。重なる部分を外側の折り目に差し込み（写真右）、ホチキスで留める。

材料（18×7×高さ5cmのもの1本分）

たね
- 合いびき肉 …… 400g
- 生パン粉 …… 1/2カップ（約20g）
- 卵 …… 1個
- くるみ（無塩）…… 50g
- 砂糖 …… 大さじ2
- 小麦粉、酒、しょうゆ …… 各大さじ1
- 塩 …… 小さじ1/2
- こしょう …… 少々

具
- ゆで卵（半熟・7〜8分ゆでたもの）…… 3個
- にんじん（5mm角、長さ8cmに切ったもの）…… 4本
- さやいんげん …… 4本

照り焼きだれ
- はちみつ、しょうゆ …… 各大さじ1

サラダ油

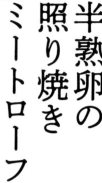

たねを作り、たれを準備する ①

くるみは粗く刻む。ボールにたねの材料を入れ、粘りが出るまで手でよく練り混ぜる。ゆで卵は殻をむく。口径12cmくらいの耐熱のボールに照り焼きだれの材料を入れて混ぜ、ラップをかけずに電子レンジで30〜40秒加熱する。

枠にたねと具を詰める ②

上記を参照して枠を作る。フライパンにサラダ油を薄くひき、枠を置く。スプーンでたねの1/3量をすきまなく平らに詰め、中央にゆで卵を縦に並べる。両わきに野菜を1/2量ずつ縦に並べる。残りのたねを数回に分けて入れ、そのつどすきまなく詰め、平らに整える。

フライパンで蒸し焼きにする ③

フライパンを弱火にかけ、5分ほど焼く。ペーパータオルで表面を押さえながら裏返す（やけどに注意）。1分ほど焼き、すきまに水1/4カップを回し入れ、ふたをして12分ほど蒸し焼きにする。火を止めて5分ほど蒸らし、取り出して枠をはずす。粗熱を取り、照り焼きだれを塗って切る。

（1/6量で304kcal、塩分1.6g）

ここ失敗しがち！
たねが大きく柔らかいので、一気に裏返すと形がくずれて大惨事に！ フライ返しでいったん立ててから返すと安心です。

保存するときは

完全にさめたらラップで包み、清潔な保存容器や保存袋に入れて冷蔵庫へ。3〜4日間保存できます。

材料（18×7×高さ5cmのもの1本分）
たね
「豚ひき肉……400g
生パン粉……½カップ
卵……1個
カレー粉……大さじ1
めんつゆ（3倍希釈）……大さじ2
小麦粉、酒……各大さじ1
塩……小さじ⅓
具
「プロセスチーズ……150g
ピーマンの細切り……¼個分
赤ピーマンの細切り……¼個分
ホールコーン（缶詰）……大さじ2（約30g）
サラダ油

めんつゆ入りのカレー味。チーズをたっぷり入れてそそる一品に。

チーズin和風カレーミートローフ

① チーズは3cm角の棒状に切る（縦につなげて16cmになるようにする）。ボールにたねの材料を入れ、手で練り混ぜる。

② P45の作り方②、③を参照して同様に焼く。ただし、作り方②で卵をチーズに、野菜をピーマン2種に替える。また、たねを全量入れたあと、中央にコーンを帯状に埋め込む。
（⅙量で284kcal、塩分1.8g）

たねになめたけを混ぜ、しっとりなめらかに。
甘辛味とのりがよく合います。

うずら卵の磯辺ミートローフ

① うずらの卵は水けを拭く。ボールにたねの材料を入れ、手で練り混ぜる。具の材料を加え、ざっと混ぜる。

② P45の作り方②、③を参照して同様に焼く。ただし、作り方②で枠にたねを½量くらいずつ入れ、そのつどすきまなく詰めて表面を平らに整える。また、枠をはずしたあと、熱いうちに上にのりをのせ、手でなじませる。
（⅙量で218kcal、塩分1.2g）

材料
（18×7×高さ5cmのもの1本分）
たね
「豚ひき肉……400g
生パン粉……½カップ
卵……1個
なめたけ（びん詰）……大さじ4
小麦粉、酒……各大さじ1
塩……小さじ½
具
「うずらの卵の水煮……10個
万能ねぎのぶつ切り……6本分
焼きのり（6×16cmくらい）
……1切れ
サラダ油

「松風焼きのように
おせちに入れても」

甘めのみそ味で
食べやすい！

青のりとごまが
粋だなあ〜。

あっさりとした鶏ひき肉に、しいたけとみそでうまみをプラス。

鶏ひきのみそミートローフ

P45の作り方②、③を参照して
同様に焼く。ただし、作り方②
で枠にたねを½量くらいずつ入
れ、そのつどすきまなく詰めて平
らに整える。また、枠をはずした
あと、熱いうちに上面の縦半分
に白いりごまを、残りの半分に
青のりをのせ、手でなじませる。
切ったあと、左右を互い違いに
並べて盛るときれい。
（⅙量で190kcal、塩分1.8g）

① しいたけは軸を切り落とし、
4つ割りにする。ボールに
たねの材料を入れ、手でよ
く練り混ぜる。具の材料を
加え、ざっと混ぜる。

ここ失敗しがち！
ごまやのりは、きっかり
縦半分にふらないと、き
れいに見えません。紙を
のせ、縦半分を隠しなが
らふるのがコツ。

材料（18×7×高さ5cmのもの1本分）
たね
　鶏ひき肉……400g
　生パン粉……½カップ
　卵……1個
　みそ……大さじ3
　砂糖、小麦粉、酒……各大さじ1
　しょうゆ……小さじ2
　塩、こしょう……各少々
具
　生しいたけ……3〜4個（約100g）
　ぎんなんの水煮……約25個
白いりごま、青のり……各大さじ1
サラダ油

●フライパンは
【直径20cm】のものを使います

フライパンは直径20cmで、ぴったりと閉まるふたつきのものがマスト。ちなみに今回使ったものは底径17cm、内側の高さ4.5cmですが、これより小さい場合はソースの量を8割程度に減らすなどして、あふれ出ないようにしてください。

インパクト大な見た目で話題騒然の「極厚ピザ」。じつはそんな分厚〜いピザをフライパンで簡単に作ることができるんです。

ふっくらカリカリの生地に、具だくさんのソースが**みっちり。**その厚さとおいしさに、**あっと驚くこと間違いなしです。**

ぶあつっっっっ！笑っちゃう迫力だわ。

これが実物大！

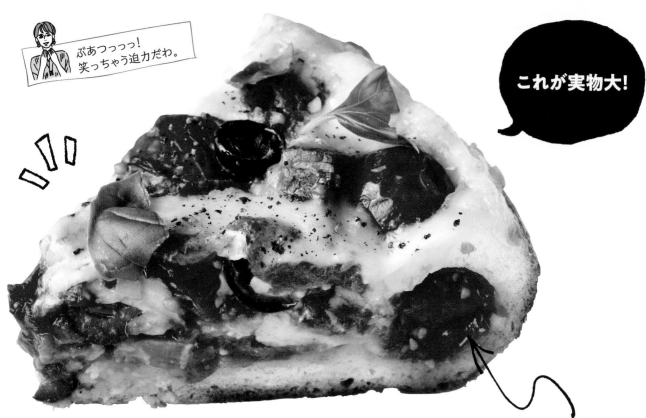

なんと厚さ4cm☆

フライパンで！

料理／髙山かづえ　撮影／鈴木泰介　スタイリング／諸橋昌子
熱量・塩分計算／五戸美香（ナッツカンパニー）

「極厚ピザ」を

ごちそう！　極厚ピザ

①

まずはボールで生地を作り、

粉類、ヨーグルト水の材料をそれぞれボールに入れて混ぜる。粉類にヨーグルト水を加え、ゴムべらで切るように混ぜる。ぽろぽろしてきたら、ひとまとまりになるまで手で混ぜる。

マルゲリータ風極厚ピザ

プチトマトとベーコンをたっぷり入れてうまみ満点に！
間にはさんだモッツァレラがとろりととろけます。

下準備
- プチトマトはへたを取り、縦半分に切る。オリーブとともに、トッピング用に8切れずつ取り分ける。
- ベーコンは1.5cm角に切る。
- マルゲリータ風ソースの材料を混ぜる。

材料（直径約20cmのピザ1台分）

粉類
- 強力粉、薄力粉 …… 各90g
- 砂糖 …… 小さじ1
- 塩 …… 小さじ½
- ベーキングパウダー …… 大さじ½

ヨーグルト水
- プレーンヨーグルト、水 …… 各大さじ4

マルゲリータ風ソース
- プチトマト …… 1パック（約200g）
- 玉ねぎのみじん切り …… ¼個分（約50g）
- ベーコン（ブロック）…… 100g
- ブラックオリーブの輪切り …… 大さじ5（約50g）
- カットトマト缶詰（400g入り）…… ½缶※
- 片栗粉 …… 小さじ2
- オリーブオイル …… 大さじ1
- 塩 …… 小さじ¼

モッツァレラチーズの輪切り …… 1個分（約100g）

ピザ用チーズ …… 70g

バジルの葉 …… 5～6枚

オリーブオイル　粗びき黒こしょう

※ボールで受けたざるに½缶分を入れ、缶汁をきって使う。缶汁はスープやカレーに活用して。

④

とろ火でじっくり焼いて完成!

フライパンのふたをアルミホイルでおおってふた
をし、とろ火(ごく弱火)にかけて10分ほど焼く。
いったん火を止めてふたを開け、生地の縁を少
しはがしてオリーブオイル大さじ1を流し入れ
る。反対側にも同様にオリーブオイル大さじ1を
流し入れてふたをし、ごくとろ火にかけて18〜
22分揚げ焼きにする。フライ返しなどで取り出
し、バジルをちぎってのせ、粗びき黒こしょう少々
をふる。　　　(⅙量で366kcal、塩分1.6g)

ここ失敗しがち!
焼き上がりはトッピングのチー
ズでチェック。中心部分までと
ろりと溶けていたらOKです。

③

ソースを詰めてトッピング。

マルゲリータ風ソースの½量を広げ入れ、モッ
ツァレラチーズをちぎりながらのせる。残りのソー
スを広げ入れ、ピザ用チーズをふりかける。ト
ッピング用のオリーブとプチトマトをのせる。

②

フライパンに広げたら……

直径20cmのフライパンの底に生地をのせる。手
にオリーブオイルを薄くつけ、生地を少しずつの
ばしながら広げる。フライパンを回しながら、側
面の高さギリギリまで生地をのばし、縁を指で整
える。

レンチンとは思えないソースの完成度。

子どもが取り合いになるやつー（笑）。

52

なす&ミート

こくのあるミートソースがぎっしり。
柔らかななすが絶品です。

生地

　P50の生地の材料 …… 全量

ミートソース

| 合いびき肉 …… 150g
| 玉ねぎのみじん切り …… 1/4個分
| カットトマト缶詰（400g入り）…… 1/2缶
| トマトケチャップ …… 大さじ4
| オリーブオイル、酒 …… 各大さじ1/2
| 片栗粉 …… 小さじ1
| 砂糖 …… 小さじ1/2
| 塩 …… ひとつまみ
| 粗びき黒こしょう …… 少々

なす …… 2個（約150g）

ピザ用チーズ …… 70g

パセリのみじん切り …… 適宜

片栗粉　塩　オリーブオイル

下準備

● なすはへたを切り、横に幅3mmに切る。
　片栗粉小さじ1をまぶし、塩少々、
　オリーブオイル大さじ1をからめる。

①
口径20cm以上の耐熱のボールにミートソースの材料を入れ、混ぜる。ふんわりとラップをかけ、電子レンジで8分加熱する。熱いうちになすを加え、混ぜる。

②
P50〜51の作り方①、②を参照し、同様に作る。①を詰め、チーズをふりかける。作り方④を参照して同様に焼いて取り出し、パセリを散らす。　　　（1/6量で325kcal、塩分1.5g）

シーフードクリーム

口当たりなめらかな絶品クリームが、レンチンと泡立て器で完成！

口径20cm以上の耐熱のボールにホワイトソースの材料を入れ、泡立て器でよく混ぜる。ふんわりとラップをかけ、電子レンジで2分加熱する。いったん取り出してよく混ぜ、再びラップをかけて2分30秒加熱する。熱いうちにシーフードミックス、いんげんを加え、混ぜる。

生地

　P50の生地の材料 …… 全量

ホワイトソース

| 小麦粉 …… 35g
| 塩 …… 小さじ1/3
| こしょう …… 少々
| 牛乳 …… 1 1/2カップ
| バター …… 30g

冷凍シーフードミックス …… 200g

さやいんげん …… 100g

ピザ用チーズ …… 70g

片栗粉　オリーブオイル　粗びき黒こしょう

下準備

● シーフードミックスは解凍する。
　いんげんは長さ3cmに切り、ともに
　片栗粉小さじ1をまぶす。

P50〜51の作り方①、②を参照し、同様に作る。①を詰め、チーズをふりかける。作り方④を参照して同様に焼いて取り出し、粗びき黒こしょう少々をふる。
　　　（1/6量で316kcal、塩分1.6g）

ソースは
レンチンで！

ソースは
レンチンで！

和風もち明太

餅とチーズがダブルでのび〜る！
ねぎとのりの風味がきいています。

材料（直径約20cmのピザ1台分）

生地
　P50の生地の材料…… 全量

和風明太ソース
　グリーンアスパラガス
　　……5本（約150g）
　長いも……150g
　辛子明太子のほぐし身
　　……1はら分（約80g）
　切り餅……2個
　マヨネーズ……大さじ4（約60g）
　片栗粉……小さじ2
　粗びき黒こしょう……少々

ピザ用チーズ……70g

万能ねぎの小口切り……1本分

刻みのり……適宜

オリーブオイル　粗びき黒こしょう

下準備
●アスパラは根元を切り、薄い斜め切りにする。
●アスパラ8切れ、明太子小さじ2をトッピング用に取り分ける。
●長いもは皮をむき、薄いいちょう切りにする。
●切り餅は幅3mmに切る。

作り方
P50〜51の作り方①、②を参照し、同様に作る。和風明太ソースの材料を混ぜて詰め、チーズ、トッピング用のアスパラ、明太子を順にのせる。作り方④を参照して同様に焼いて取り出し、ねぎ、のりを散らす。粗びき黒こしょう少々をふる。

（1人分349kcal、塩分1.8g）

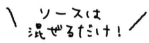
ソースは
混ぜるだけ！

明太マヨ！絶対
はずさない味だね。

なにげに長いもの
食感もいい♪

せん切りや薄切りの野菜に具を「サンド」して焼き上げて。切ると現れるチーズやタルタルがなんともおいしそう!

『オレンジページ』読者のメニューランキングで、
何度も1位に輝いてきた「ガレット」。
今回は「得意料理のひとつ」という
藤井恵さんとオレペで、いままでのものとは
一線を画す進化系をご提案。
ガレットの新たな魅力が広がります!

料理／藤井 恵　撮影／田村昌裕
スタイリング／伊東朋恵　熱量・塩分計算／本城美智子

サンドガレットと
羽根つきガレット

小さなガレットのまわりにチーズを散らせば、たちまち餃子の「羽根」のように! 香ばしいカリカリ食感がさらに際立つんです。

なんか「できる女子」って感じ（笑）。

サンド
ガレット

サクサク、カリカリ、おやつみたい。

ハムチーズ
サンドガレット

じゃがいもとハムチーズの相性は最高！
じっくり焼くことで、外は香ばしく、
中はほくっ＆とろ〜りが実現します。

① **じゃがいもをせん切りにして**

じゃがいもは皮をむき、あればスライサーでせん
切りにする（水にさらさない）。塩、こしょう各少々
をふって混ぜる。

② **サンドして焼いたら、**

直径20cmのフライパンにサラダ油大さじ2を弱
火で熱し、①の½量を広げ入れる。縁を1.5cm
ほど残してハムを重ね、中央にチーズをのせる。
残りの①をのせておおい、中火にする。フライ返
しでかるく押しながら8〜10分焼く。

③ **ひっくり返して完成**

②の底をフライ返しではがし、フライパンよりもひ
とまわり大きい耐熱皿をかぶせる。全体の上下
をひっくり返してガレットを皿にのせ（油に注意）、
フライパンに戻し入れる。サラダ油大さじ1を鍋
肌から回し入れ、さらに8〜10分焼く。4等分に
切り、器に盛る。　（1人分471kcal、塩分1.9g）

材料（2人分）

じゃがいも……3個（約450g）

ハム……4枚

スライスチーズ（溶けないタイプ）……3枚

塩　こしょう　サラダ油

ここ失敗しがち！
「溶けるタイプ」のチーズだと、焼いて
いる間に外に流れ出てしまうので注意。

シャキッと食感が残るれんこんに、
マスタードがきいたタルタルがマッチ。

れんこん&タルタル

①

れんこんは皮をむき、あればスライサーでごく薄い輪切りにする（水にさらさない）。塩少々をふってさっと混ぜる。マスタードタルタルの材料を混ぜる。

②

右記の作り方②、③を参照し、同様に作る。ただし、じゃがいもをれんこんに替え（水けが出ている場合は拭いてから焼く）、タルタルをはさむ。仕上げに好みで粒マスタードを添える。　（1人分527kcal、塩分1.8g）

材料（2人分）

れんこん……2節（約400g）
マスタードタルタル
┃ゆで卵のみじん切り……2個分
┃マヨネーズ……大さじ3
┃粒マスタード……小さじ1
┃塩……少々
好みで粒マスタード……適宜
塩　サラダ油

青じそやカマンベールで淡泊な長いもにアクセントを!

長いも&梅しそ

①

長いもは皮をむき、あればスライサーでせん切りにし、耐熱のボールに入れる。塩、こしょう各少々をふって混ぜ、ふんわりとラップをして電子レンジで3分加熱する。

②

右記の作り方②、③を参照し、同様に作る。ただし、じゃがいもを長いもに替え、青じそ、梅肉、チーズを順に重ねてはさむ。中火で5分ほど、ひっくり返して3分ほど焼く。
　（1人分364kcal、塩分2.6g）

材料（2人分）

長いも……20cm（約400g）
梅肉……大さじ1
青じその葉……6枚
カマンベールチーズ……½個※
塩　こしょう　サラダ油
※厚みを半分に切ったもの。

ガレットに羽根？
初めて見た。

羽根つき
ガレット

あ〜、ワイン
飲みたくなる味。

チーズ羽根ガレット

チーズは余熱で火を通すと、
焦げることなくカリカリに。
サルサソースをつければ、もうやみつき！

① じゃがいもをせん切りにして

サルサソースの材料を混ぜる。じゃがいもは
皮をむき、あればスライサーでせん切りにする
（水にさらさない）。塩、こしょう各少々をふっ
て混ぜる。

② 小さな円形に焼いたら、

フライパンにサラダ油大さじ1を弱火で熱し、
じゃがいもを1/4量ずつ置く。フライ返しで押し
ながら、木べらで直径約6cmの円形に整えて
5〜6分、ひっくり返して3〜4分焼く。

③ チーズでカリカリの羽根を！

とろ火（ごく弱火）にし、②のまわりにチーズを
等分に散らす。チーズの端がごくごく薄く色
づいたら火を止め、フライパンの上で粗熱を
取る。チーズがカリッと固まったら器に盛り、
ソース、クレソンを添える。

（1人分175kcal、塩分1.3g）

材料（2人分）

じゃがいも……1個（約150g）
ピザ用チーズ……30g
サルサソース
　玉ねぎのすりおろし……小さじ1
　トマトケチャップ……大さじ1 1/2
　オイスターソース……小さじ1/2
　タバスコ®……少々
クレソン……適宜
塩　こしょう　サラダ油

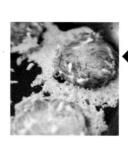

さつまいもとハニーマヨの〈甘じょっぱ〉バランスが絶妙。

さつまいも&ハニーマヨ

①

さつまいもは皮つきのまま洗う。あればスライサーでごく薄い輪切りにしてから、せん切りにする（水にさらさない）。塩、こしょう各少々をふって混ぜる。

②

右記の作り方②、③を参照し、同様に作る。ただし、じゃがいもを①に替え、仕上げにハニーマヨの材料をかるく混ぜてかける。

（1人分229kcal、塩分1.3g）

材料（2人分）

さつまいも …… ½本（約100g）
ピザ用チーズ …… 30g
ハニーマヨ
| マヨネーズ …… 大さじ1
| はちみつ …… 大さじ½
塩　こしょう　サラダ油

小麦粉を混ぜ込むことで、にんじんがしっかりくっつきます！

にんじん&明太チーズ

①

にんじんは皮をむき、あればスライサーでせん切りにする。塩、こしょう各少々、小麦粉大さじ2をふって混ぜる。

②

右記の作り方②、③を参照し、同様に作る。ただし、じゃがいもをにんじんに替え、仕上げにパセリをふり、明太チーズの材料を混ぜて添える。

（1人分200kcal、塩分1.3g）

材料（2人分）

にんじん（大）…… ½本（約80g）
ピザ用チーズ …… 30g
明太チーズ
| 辛子明太子のほぐし身 …… 大さじ1
| クリームチーズ …… 20g
| 牛乳 …… 大さじ½
パセリのみじん切り …… 適宜
塩　こしょう　小麦粉　サラダ油

PART

2

daily dish

フライパンひとつで
デイリーメニュー

『オレンジページ』で紹介するおかずは、いまやフライパンで作るものばかり。
もうヒット作は出つくしたかと思いきや、引き続き人気メニューは登場中！
たとえば、グリルを使わないで焼く「お魚ステーキ」や、
丸めない、揚げないのがウリの「まるごとコロッケ」。
ニーズにこたえたいまどきおかずが、続々ランクインしました。

フライパンで「お魚ステーキ」

作るのがめんどう、グリルを洗うのがいや……と、魚料理を敬遠しているかた必見！フライパンで気軽に作れる「お魚ステーキ」はいかが？たれに漬けて焼くだけだから、調理も後片づけもとっても簡単。献立のレパートリーにぜひ加えてみて。

料理＝堤人美
撮影＝岡本真直
スタイリング＝深川あさり
熱量・塩分計算＝五戸美香（ナッツカンパニー）

焼くだけで

たれに漬けて

こくのあるごまみそだれが、
鮭の風味を引き立てます。
初めに塩をふって水けを拭き、
臭みをしっかり取るのが肝心！

鮭の
ごまみそ焼き

**たれに漬けた状態で
保存可能！**

「お魚ステーキ」はたれに漬けた状
態で、2日間冷蔵保存可能。それ以
上の場合は冷凍庫へ。2週間はお
いしく食べられます。使うときは、自
然解凍してから調理して。

材料（2人分）

生鮭の切り身……2切れ
ごまみそだれ
┌ しょうがのすりおろし……½かけ分
│ 白すりごま、酒、みりん……各大さじ1
└ みそ……小さじ2〜3
しし唐辛子……12本
塩　サラダ油

こんなにカンタンなら
「魚の日」が増やせそう。

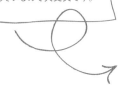

ここ失敗しがち！
鮭にたれが残っていると焦げやすく、油がはねやすいので、きちんと拭き取って。味は中までしみ込んでいるので大丈夫です。

魚が安いときに
作りだめしとこうっと！

たれをぬぐい、フライパンで焼く ②

フライパンにサラダ油小さじ2を弱めの中火で熱し、鮭をたれを菜箸でこそげながら取り出して並べ入れる（たれはとっておく）。2分ほど焼いて裏返し、しし唐を加えて炒めながら、さらに2分ほど焼く。鮭にたれをかけて中火にし、さっと煮からめる。器に盛ってたれをかけ、しし唐を添える。　（1人分245kcal、塩分1.0g）

鮭に塩をふり、たれに漬ける ①

鮭はあれば平たいざるに並べ、塩少々をふる。10分ほどおき、ペーパータオルで水けを拭き取る。しし唐はへたの先を切り、包丁の刃先で2〜3カ所穴をあける。たれの材料を混ぜる。保存袋に鮭とたれを入れ、袋の上からかるく押さえてなじませる。空気を抜いて口を閉じ、冷蔵庫に入れて20分ほどおく。

うますっぱ味がいい！
白めしがすすむ〜。

さばのおろし玉ねぎポン酢焼き

おろし玉ねぎのおかげで、ポン酢がぐっと奥深い味わいに。

材料（2人分）

さばの切り身……2切れ

玉ねぎポン酢だれ

　玉ねぎのすりおろし…… 1/4 個分

　ポン酢しょうゆ…… 大さじ2

　オリーブオイル…… 大さじ1

ズッキーニ（乱切り）※…… 1/2 本分

焼くときのオリーブオイル…… 小さじ1

塩

※さばとともにフライパンに加える。

（1人分344kcal、塩分1.4g）

鮭の梅みりん焼き

ほんのり甘いみりんだれに、梅肉でほどよく酸味をきかせて。

材料（2人分）

生鮭の切り身……2切れ

梅みりんだれ

　梅肉……1個分（大さじ1弱）

　白いりごま…… 小さじ2

　酒、みりん…… 各大さじ1

　しょうゆ…… 小さじ1

つけ合わせ※

　赤パプリカの薄切り…… 1/2 個分

　ちぎった青じその葉…… 5枚分

焼くときのオリーブオイル…… 小さじ2

塩

※ざっと混ぜて鮭に添える。

（1人分234kcal、塩分1.5g）

【この見開き共通の作り方】　P64〜65のレシピは、P62〜63の作り方を参照し、同様に魚に塩少々をふってたれに漬け、フライパンで焼いてください。

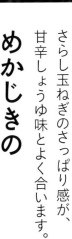

ぶりの
にんにく照り焼き

王道の「ぶり照り」ににんにくをプラスし、パンチをきかせて。

材料（2人分）

ぶりの切り身 …… 2切れ

にんにく甘辛だれ

| にんにくのすりおろし …… 少々
| しょうゆ …… 大さじ1
| 砂糖、酒、みりん …… 各大さじ½

大根おろし※ …… ⅕本分

貝割れ菜のざく切り※ …… ¼パック分

塩　サラダ油

※大根は汁けをきり、貝割れ菜とともにぶりに添える。

（1人分343kcal、塩分1.6g）

 この味つけならパパも食べそう！

めかじきの
ハニーマスタード焼き

さらし玉ねぎのさっぱり感が、甘辛しょうゆ味とよく合います。

材料（2人分）

めかじきの切り身 …… 2切れ

ハニーマスタードだれ※

| 粒マスタード、はちみつ
|　　…… 各大さじ1
| しょうゆ …… 小さじ1～1½
| こしょう …… 少々

つけ合わせ※

| プチトマトの薄い輪切り …… 4個分
| 玉ねぎの薄切り（水にさらす）
|　　…… ½個分

焼くときのバター …… 大さじ1

塩

※たれはぬぐわず、めかじきとともにフライパンに入れ、つけ合わせはめかじきにのせる。

（1人分272kcal、塩分1.2g）

「フライパン蒸し」っていいね！

「重ね蒸し」も、でかシュウマイも。

せいろや蒸し器を使わなくても、フライパンがあれば蒸し料理はすごくラクチン！野菜がどっさりとれる「重ね蒸し」は、毎日でも作りたい簡単メニューです。蒸し料理の定番、「シュウマイ」もでっかく作れば盛り上がりますよ。

料理／市瀬悦子
撮影／岡本真直
スタイリング／諸橋昌子
熱量・塩分計算／本城美智子

66

白菜と春雨に豚バラのこくのある脂がじんわりしみて、こたえられないおいしさに！

豚バラと白菜のオイスターソース蒸し

下準備
- 白菜は葉としんに切り分け、大きめの一口大に切る。
- 豚肉は長さ6cmに切る。
- 春雨はキッチンばさみで長さを半分に切る。

材料（2人分）

豚バラ薄切り肉……150g

白菜……¼株（約400g）

春雨……40g

万能ねぎのぶつ切り……5本分

オイスターだれ
- にんにくのみじん切り……½かけ分
- しょうがのみじん切り……½かけ分
- オイスターソース、ごま油……各大さじ1
- しょうゆ……小さじ2
- 塩、こしょう……各少々

③ ふたをして蒸す
ふたをして中火で10分ほど蒸す。万能ねぎを加え、さっと混ぜ合わせる。
（1人分454kcal、塩分2.5g）

② フライパンに具を重ね入れ、水を加える
フライパンに春雨、白菜のしん、白菜の葉、豚肉の順に広げ入れ、水½カップを回し入れる。

① 肉にたれをもみ込む
豚肉とオイスターだれの材料をボールに入れ、手でもみ込む。

「野菜がたりてない」って日の味方。

肉にしっかり味がついてるのがいい！

①
フライパンにかぼちゃを並べ入れ、たねをのせて直径約15cmの円形に広げる。

②
プチトマトをへたを取ってのせ、水大さじ5を回し入れ、ふたをして中火で8〜9分蒸す。

③
チーズをのせて弱めの中火にし、さらに1〜2分蒸してパセリをふる。
（1人分491kcal、塩分1.4g）

材料（2人分）
かぼちゃ……⅙個（約200g）
プチトマト……10個
たね
├ 合いびき肉……200g
├ 玉ねぎのみじん切り……¼個分
├ 溶き卵……½個分
├ パン粉……⅓カップ
├ 牛乳……大さじ1½
├ トマトケチャップ……大さじ1
└ 塩、こしょう……各少々
ピザ用チーズ……50g
パセリのみじん切り……適宜

下準備
●かぼちゃは種とわたを取り、幅5mmに切る。
●ボールにたねの材料を入れ、よく練り混ぜる。

 かぼちゃもたねも甘くて、子どもが完食♪

とろりと溶けたチーズ＆ケチャップ味のひき肉だねが相性抜群！

かぼちゃとひき肉のチーズ蒸し

材料（2人分）
生鮭の切り身
　……2切れ（約200g）
しめじ……1パック（約100g）
にんじんの細切り
　……⅓本分（約50g）
大根おろし
　……3cm分（汁を含めて約100g）
めんつゆ（3倍希釈）
　……大さじ1⅓
塩　こしょう

下準備
●しめじは石づきを切り、小房に分ける。
●生鮭は塩、こしょう各少々をふり、めんつゆのうち大さじ1をからめる。

①
フライパンにしめじ、にんじんの順に重ね入れ、鮭、大根おろしをのせて、水大さじ6を回しかける。

②
ふたをして中火で10分ほど蒸す。残りのめんつゆをかける。
（1人分160kcal、塩分0.5g）

めんつゆ味がほっとする、和風の一品。
大根おろしをのせ、しっとりと蒸し上げて。

鮭ときのこのおろし蒸し

すりごまとごま油をダブル使いした、風味豊かな塩味。

青梗菜と豚こまのうま塩蒸し

 ①

フライパンに青梗菜の茎、もやし、青梗菜の葉、豚肉の順に重ね入れ、水大さじ2を回し入れる。

②

ふたをして中火で5〜6分蒸し、さっと混ぜ合わせる。
（1人分323kcal、塩分1.2g）

材料（2人分）

青梗菜（チンゲンツァイ）……1株

豚こま切れ肉……200g

もやし……1袋（約200g）

うま塩だれ

| 白すりごま……大さじ1
| 塩……小さじ1/3
| こしょう……少々
| ごま油……大さじ1/2

下準備

● 青梗菜は葉と茎に分け、葉は一口大に、茎は縦半分にしてから6つ割りにする。

● 豚肉は大きければ切り、たれの材料をもみ込む。

あっさり上品、オトナ女子向けね。

梅で酸味をきかせた甘酸っぱいたれが、あとを引きます。

たらとれんこんの梅蒸し

 ①

フライパンに、れんこん、ねぎの斜め薄切り、たらの順に重ね入れ、水1/2カップを回し入れる。

②

ふたをして中火で10分ほど蒸す。ねぎの青い部分をのせる。
（1人分144kcal、塩分1.6g）

材料（2人分）

生たらの切り身
　　……2切れ（約200g）

梅だれ

| 梅肉……1個分
| しょうゆ、みりん……各大さじ1/2
| 砂糖……小さじ1

れんこんの薄い輪切り
　　……1節分（約100g）

ねぎの斜め薄切り……1本分

ねぎの青い部分のせん切り
　　……1本分

下準備

● たらに梅だれの材料をからめる。

● ねぎの青い部分は水に5分ほどさらし、水けを拭く。

大きく作ることで肉汁が逃げにくくなり、うまみたっぷり！
カラフルな具材をトッピングし、パッと目を引く見た目に仕上げます。

かにかまとコーンのでかシュウマイ

かに風味かまぼこ……3本
ホールコーン（缶詰）……大さじ2
シュウマイの皮……16枚
キャベツの葉（大）……2枚（約140g）

材料（直径約7cmのもの4個分）

たね
豚ひき肉……300g
玉ねぎのみじん切り……1個分（約200g）
カレー粉……大さじ1/2
片栗粉……大さじ2
ごま油……大さじ1
しょうゆ……小さじ2
塩……小さじ1/3
砂糖……少々

皮4枚をくっつけるなんて
画期的すぎ！（笑）

ハンバーグみたいに
でっかーい。

① 具の下ごしらえをし、たねを作る

キャベツはしんをV字に切り取り、5～6cm四方に切る。かにかまは長さを半分に切り、粗くほぐす。ボールにたねの材料を入れ、粘りが出るまで手で練り混ぜて、¼量ずつ丸める。

② 皮でたねを包む

まな板にシュウマイの皮4枚を、縁が少しずつ重なるように並べ、一辺が約14cmの正方形にする。たね1個を中央にのせて皮で包み、かにかまとコーンを¼量ずつ、押し込むようにしてのせる。残りも同様にする。

③ フライパンで蒸す

フライパンにキャベツを広げ入れ、②を等間隔に並べる。キャベツに水¾カップを回しかけてふたをし、強火にかける。煮立ったら中火で12分ほど蒸す。　　　（1個分294kcal、塩分1.4g）

ここ失敗しがち！
ハンバーグ大のビッグなたねなので、皮を4枚連結させて包みます。まな板にのせたまま、皮に少しずつひだを寄せていくのが上手に包むコツ！

リング状に大きく作るので、成形がラクチン。
たねにえのきとチーズを混ぜ、うまみをアップさせます。

えびとチーズのリングシュウマイ

① たねと具の下ごしらえをする

えのきは長さ1cmに切ってほぐす。ピーマンはへたをくりぬいて種を取り、幅5mmの輪切りにする。チーズは1cm角に切る。えびは背わたがあれば取る。ボールにたね用の材料を入れ、よく練り混ぜる。えのき、チーズを加えて混ぜ、たねを作る。

② たねをリング状に整え、皮をはる

フライパンにたねを⅓量ずつ筒状にして入れ、外径20cmのリング状になるように形を整える。シュウマイの皮を少しずつ重なるようにはり、押さえてなじませる。えびの片面に片栗粉を薄くまぶして等間隔にのせ、あいたところにピーマンをのせる。

③ フライパンで蒸す

水⅓カップを½量ずつ、リングの内側と外側に注ぐ。ふたをして強火にかけ、煮立ったら中火で10分ほど蒸す。　（¼量で305kcal、塩分1.3g）

材料
（直径約20cmのもの1個分）

たね用

┃ 豚ひき肉 …… 300g
┃ 玉ねぎのみじん切り
┃ 　…… ½個分（約100g）
┃ 片栗粉 …… 大さじ3
┃ 塩 …… 小さじ⅓
┃ しょうゆ、ごま油 …… 各小さじ2

えのきだけ …… 大1袋（約200g）

プロセスチーズ …… 30g

むきえび …… 8尾

ピーマン …… 1個

シュウマイの皮 …… 15枚

片栗粉

これは新発想。食べたら
口の中でコロッケ！（笑）

丸めない、
揚げないから簡単♪ まるごと
フライパンコロッケ

「コロッケ大好きだけど、作るのがめんどう〜」という人にいいニュース！
具にカリカリのパン粉をプラスして仕上げる〈揚げない〉コロッケはいかが？　ハードルが高いクリーム系だって、
だれでも失敗なく作れます。フライパンごとテーブルに出せば、盛り上がること間違いなし！

料理／みない きぬこ　撮影／福尾美雪　スタイリング／しのざき たかこ　熱量・塩分計算／本城美智子

72

「カリカリパン粉」

まるで揚げたような仕上がりにするには、香ばしいパン粉がマスト！ マヨネーズで炒めてこくをアップします。

材料
（4人分・直径26cmのフライパン1個分）
と作り方
フライパンにマヨネーズ大さじ2を入れ、中火で熱する。溶けてきたらパン粉約30gを加えて、きつね色になるまで5分ほど炒める。
（1/4量で68kcal、塩分0.2g）

ひとりでぜーんぶ
たべたい！

甘辛しょうゆ味のそぼろで、肉じゃが風のコロッケに。
意外にご飯がすすむ一品です。

じゃがいもとそぼろの
フライパンコロッケ

下準備
- にんじんは皮をむき、玉ねぎとともにみじん切りにする。
- マッシュポテトを作る。じゃがいもは皮をむいて一口大に切り、鍋に入れる。ひたひたの水を注いで強火にかけ、沸騰したら弱火にし、15分ほどゆでる。湯を捨て、牛乳と塩、こしょう各少々を加えてつぶす。

材料（4人分・直径26cmのフライパン1個分）
じゃがいも …… 6個（700〜750g）
合いびき肉 …… 200g
玉ねぎ …… 1/2個
にんじん …… 1/2本
「カリカリパン粉」（左記参照）…… 全量
牛乳 …… 大さじ3〜4
塩 こしょう サラダ油 酒 しょうゆ みりん
中濃ソース

① 具を炒めて

フライパンにサラダ油小さじ1を中火で熱し、玉ねぎとにんじんをしんなりとするまで3〜4分炒める。ひき肉を加え、色が変わるまでほぐしながら炒める。酒、しょうゆ、みりん各大さじ2、こしょう少々を加える。煮汁がほとんどなくなるまで煮て、火を止める。

② ポテトを重ねたら

マッシュポテトを4〜5回に分けてのせ、そのつど、ぬらしたスプーンの背で平らにのばす。力を入れて押すと、下の具がずれてフライパンからこぼれてしまうので注意！

③ パン粉をふって完成

「カリカリパン粉」を全体にふって、ソース適宜をかける。
（1人分360kcal、塩分3.6g）

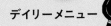

下準備

- 玉ねぎは縦半分に切って、縦に薄切りにする。
- しめじは石づきを切って小房に分ける。
- アスパラは根元の堅い部分を切り落とし、ピーラーで根元から3cmくらいの堅い皮をむいて、長さ2cmに切る。
- かには缶汁をきっておく。

材料（4人分・直径26cmのフライパン1個分）

かに缶詰（100g入り）……2缶

玉ねぎ……1個

しめじ……1パック

グリーンアスパラガス……5本

牛乳……2カップ

「カリカリパン粉」（P73参照）……全量

かに風味かまぼこ……100g

パセリのみじん切り……適宜

バター　小麦粉　塩　こしょう

かにをたっぷり使ったクリーミーな
濃厚ソースが絶品！
かにかまをのせて
見た目にも華やかな一品に。

かにクリームの
フライパンコロッケ

「ちょっといいかにかま」で作りたいな。

トマトとチキンのフライパンライスコロッケ

チキンライスの中からチーズがとろ〜り。
酸味のあるトマトソースで味がしまります。

① 具を炒め、小麦粉をなじませる

フライパンにバター40gを中火で熱し、玉ねぎを入れて、しんなりするまで3〜4分炒める。しめじ、アスパラを加えてさっと炒め、小麦粉大さじ4を加えて、粉っぽさがなくなるまでさらに1分ほど炒める。

② 牛乳を加えて煮る

牛乳を加え、とろみがつくまで混ぜながら煮る。ふつふつとしたら、かにを加えて混ぜ、5分ほど煮る。塩小さじ$\frac{1}{4}$、こしょう少々で味をととのえ、火を止める。

③ パン粉をふって具をのせる

「カリカリパン粉」を全体にふって、かにかまを一口大に裂いてのせ、パセリを全体にふる。　（1人分299kcal、塩分2.1g）

① チキンライスを作る

フライパンにサラダ油大さじ1、にんにくを入れて中火で熱する。香りが立ったら玉ねぎを加え、3〜4分炒める。しんなりとしたら鶏肉を加え、色が変わるまで炒める。ご飯、ケチャップソースの材料を加え、全体になじむまで炒める。$\frac{1}{2}$量をボールなどに取り分けておく。

② チーズ、ソースを重ねる

フライパンのチキンライスを平らにならし、ピザ用チーズを中央にのせて、残りのチキンライスを重ねる。「カリカリパン粉」、トマトソースを順に重ね、粉チーズをふる。バジルの葉をのせる。

　（1人分698kcal、塩分3.1g）

材料（4人分・直径26cmのフライパン1個分）

温かいご飯 …… 720g
鶏もも肉 …… 1枚（約250g）
玉ねぎのみじん切り …… $\frac{1}{2}$個分
にんにくのみじん切り …… 小さじ1
ケチャップソース
　トマトケチャップ …… 大さじ6
　砂糖 …… 小さじ1
　塩 …… 小さじ$\frac{1}{4}$
　こしょう …… 少々
トマトソース
　トマト …… 1個
　トマトケチャップ …… 大さじ3
　塩 …… ひとつまみ
ピザ用チーズ …… 約100g
「カリカリパン粉」（P73参照） …… 全量
バジルの葉、粉チーズ …… 各適宜
サラダ油

下準備

● 鶏肉は2cm角に切る。
● トマトは1cm角に切り、トマトソースの材料を混ぜる。

パン粉の下は……

パン粉の下は……

とろ〜りクリーム&かに。おいしいに決まってる！

材料（2人分・直径15㎝の
　スキレット2個分）

じゃがいも……3個（350〜380g）

玉ねぎ……½個

ハム……6枚

温泉卵……2個

「カリカリパン粉」（P73参照）
　……½量

牛乳……大さじ2〜3

塩　こしょう　サラダ油

下準備
● じゃがいもはP73の下準備と同様にし
　てマッシュポテトを作る。ただし、塩の
　分量は小さじ¼にする。
● 玉ねぎはみじん切りにする。
● ハムは2㎝四方に切る。

具を炒める

スキレット（なければフライパン）にサラ
ダ油小さじ1を中火で熱し、玉ねぎ、ハ
ムの各½量を加えて3〜4分炒める。

マッシュポテトを重ねる

マッシュポテトの½量を重ねて「カリカリ
パン粉」の½量をふり、温泉卵1個をの
せる。残りも同様に作る。

（1人分417kcal、塩分2.4g）

塩味のポテトコロッケ派はぜひこちらを！
温たまはくずしながらポテトにからめてどうぞ。

ハムエッグのミニフライパンコロッケ

「スキレット」で
1人分ずつ作っても！

パン粉の
下は……

もちもち水漬けスパゲティ

フライパンでさっと**煮**るだけ！

料理／堤人美
撮影／田村昌裕
スタイリング／しのざき たかこ
熱量・塩分計算／本城美智子

いま、パスタの常識をくつがえす「水漬けスパゲティ」が話題です。
その新ワザとは、スパゲティをゆでずに水でもどし、
具やソースとともにさっと火を通すもの。
ほどよく水分を吸った麺のもっちり感は、まるで本格生パスタ！
アルデンテとはまた違った〈新食感〉、ぜひお試しください。

生パスタのような新食感。「もちもち」スパの3ステップ！

基本の「水漬けスパゲティ」

大きめのバットにスパゲティ（1.9mmのもの）160gを入れ、水2カップを注ぎ入れる。そのまま柔らかくなるまで室温で3時間置き、ざるに上げて水けをしっかりときる。もちもち感が充分に味わえるよう、太めのものを選んで。

① スパゲティを水に浸し、柔らかくもどす！

水につけた麺がP77のように白っぽくなったら、充分に吸水したあかし。麺の中の水分がすばやく熱を伝えるので、さっと火が通るんです！

② さっと炒め、もどし汁を投入！

スパゲティのもどし汁にはでんぷんが溶け出ています。これを加えて加熱することで、ソースにほどよいとろみが！

③ 火が通るにつれ〈もちもち〉に！

さっと炒めてソースをからめていくと、みるみるスパゲティに透明感が！ 水漬けスパゲティに火が通り、もちっと弾力が出てきた証拠です。

ほんとに生麺感覚。驚いたなあ～！

もっちリスパに
クリームソースが
よくからむー。

太麺だから食べごたえ
満点だね！

もちもち カルボナーラ

粉チーズたっぷりのソースと温泉卵がからんで、濃厚な味わいに。ベーコンの香ばしさで、味に奥行きを出します。

① 材料の下ごしらえをする

水漬けスパゲティはざるに上げ、水けをしっかりときる（もどし汁はとっておく）。生クリーム液の材料を混ぜる。ベーコンは幅2cmに切る。

② 具を炒め、スパゲティを加える

フライパンにオリーブオイル小さじ2を中火で熱し、ベーコンを入れて1分30秒ほど炒める。スパゲティを加え、ほぐしながら3分ほど炒める。

③ 生クリーム液を加え、仕上げる

塩小さじ¼、粗びき黒こしょう少々をふり、白ワイン、生クリーム液、①のもどし汁½〜¾カップを順に回し入れて煮立たせ、ごく弱火にして2分ほど煮る。火を止めて器に盛り、粗びき黒こしょう少々をふり、温泉卵をのせる。

（1人分883kcal、塩分2.3g）

材料（2人分）

水漬けスパゲティ（右記参照）
　……全量
ベーコン……3枚
温泉卵……2個
生クリーム液
　｜ 生クリーム……½カップ
　｜ 溶き卵……2個分
　｜ 粉チーズ……30g
白ワイン……大さじ2
オリーブオイル　塩　粗びき黒こしょう

ここ失敗しがち！ ③でもどし汁を加えるときは、少なめの分量からスタート。麺に水分がいきわたってつやが出るまで、様子をみながらたすのがコツ。

① 材料の下ごしらえをする

水漬けスパゲティはざるに上げ、水けをしっかりときる（もどし汁はとっておく）。トマトはへたを取り、2cm角に切る。

② ひき肉、トマトを炒める

フライパンにオリーブオイル大さじ1を弱火で熱する。玉ねぎ、にんにくを入れ、玉ねぎがしんなりとするまで1分30秒ほど炒める。ひき肉、トマトを加えて中火にし、塩小さじ½、こしょう少々を加える。トマトをかるくつぶしながら、2分ほど炒める。

③ スパゲティを加え、仕上げる

スパゲティを加え、2分ほど炒める。①のもどし汁1カップを加えて煮立たせ、ウスターソース小さじ3、塩、こしょう各適宜を加え、味をととのえる。器に盛り、好みで粉チーズをふる。　　　　（1人分649kcal、塩分2.3g）

材料（2人分）

水漬けスパゲティ（P78参照）…… 全量
合いびき肉…… 200g
トマト…… 2個（約400g）
玉ねぎのみじん切り…… ½個分
にんにくのみじん切り…… ½かけ分
好みで粉チーズ…… 適宜
オリーブオイル　塩　こしょう
ウスターソース

トマト缶とまた違ってフレッシュな感じね。

ひき肉ごろごろ、肉感あるな。

もちもちミートソーススパゲティ

ひき肉はかたまりを残して、食感を楽しみます。ざく切りトマトをたっぷり加え、さわやかなソースに。

しいたけは細かく刻み、風味豊かなソースに！ ツナの塩けが、味のひきしめ役。

もちもちきのこクリームスパゲティ

材料（2人分）

水漬けスパゲティ（P78参照）……全量
生しいたけ……4個
ツナ缶詰（60g入り）……1缶
にんにくのみじん切り……½かけ分
生クリーム……¾カップ
バター　塩　こしょう　しょうゆ

① 材料の下ごしらえをする

水漬けスパゲティはざるに上げ、水けをしっかりときる（もどし汁はとっておく）。しいたけは石づきを切り、粗いみじん切りにする。ツナは缶汁をきる。

② しいたけを炒める

フライパンにバター10gを弱火で熱し、にんにくを入れて香りが立つまで炒める。しいたけと、塩小さじ¼、こしょう少々を加え、中火にして2分炒める。

③ スパゲティを加え、仕上げる

スパゲティを加え、2分ほど炒める。ツナ、生クリームと、①のもどし汁¾カップ、しょうゆ小さじ1を順に加えて煮立て、さっと煮からめる。塩、こしょう各適宜で味をととのえる。

（1人分747kcal、塩分1.6g）

パンチのあるにんにく味と、ブロッコリーの甘みが好相性。黒オリーブで本格味に。

もちもちブロッコリーのアーリオオーリオ

材料（2人分）

水漬けスパゲティ（P78参照）……全量
ブロッコリー……⅓株
ウインナソーセージ……4本
ブラックオリーブの輪切り……4個分
にんにくの粗いみじん切り……1かけ分
赤唐辛子の輪切り……1本分
オリーブオイル　塩　こしょう

① 材料の下ごしらえをする

水漬けスパゲティはざるに上げ、水けをしっかりときる（もどし汁はとっておく）。ブロッコリーは粗いみじん切りにする。ソーセージは幅5mmの小口切りにする。

② 具を炒める

フライパンにオリーブオイル大さじ2を弱火で熱し、にんにく、赤唐辛子を入れて香りが立つまで炒める。ブロッコリー、ソーセージを加えて中火にし、2分ほど炒める。

③ スパゲティを加え、仕上げる

スパゲティを加え、2分ほど炒める。オリーブ、①のもどし汁1¼〜1½カップを加えて煮立て、塩小さじ½、こしょう少々、オリーブオイル小さじ2を加えて混ぜる。塩適宜で味をととのえる。　（1人分535kcal、塩分2.1g）

少ない油でラクに揚げたい！
フライパン揚げの油は「大さじ」の時代に。

大きく進化をとげてきたフライパン料理のなかで、「揚げもの」はもっとも注目すべきメニューのひとつ。

1990年代は、揚げものといえば「揚げ鍋」を使ってたっぷりの油で揚げることが当たり前。どこの家にも揚げ鍋がありました。

ところが「もっと少ない油で揚げたい」「後片づけをラクにしたい」というニーズのもと、『オレンジページ』では「フライパンで揚げ焼き」にする手法を提案。素材がやっと浸るくらいの少量の油を温め、ひっくり返しながら大変な人気を博して大ヒット！ から揚げ、かき揚げ、フライなどさまざまなメニューで「揚げ焼き」企画が誌面を飾ることに。

ちなみに、このころは「フライパンの高さ●cmまで」のように、「cm」で油の量が指示されていました。

そしてさらに時代は流れて2015年。『油大さじ4』で揚げもの革命！」という画期的な企画が登場しました。ごく少量の油を肉に回しかけて温める、というユニークな手法なのに、仕上がりのから揚げはとびきりサクサク。そのビジュアルは大きな反響を呼びました。揚げものが好き、もっとラクに作りたい、という願いをもとに、まだまだフライパン揚げの進化は止まりません！

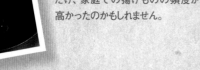

いまどきの
「フライパン揚げ」は
ここまで進化！

「油大さじ4」を肉にかけ、

じわじわと温度を上げていき

からりと
香ばしく揚がった！

2015年11月2日号
「『油大さじ4』で
揚げもの革命！」

料理／小田真規子　撮影／岡本
真直　スタイリング／久保田加奈
子　熱量・塩分計算／五戸美香
（ナッツカンパニー）

甘辛しょうゆがしっかりしみた
ジューシーな味わいがあとを引きます。
卵入りのぽってりしたころもが、
肉汁をガードする秘訣。

鶏のから揚げ

油
大さじ**4**で

材料（2〜3人分）

鶏もも肉（小）……2枚（400〜450g）
下味
　卵……1個
　しょうゆ……大さじ2
　砂糖……小さじ2
好みの葉野菜（グリーンカールなど）
　　……適宜
小麦粉　サラダ油

4. 鶏肉を返しながら揚げる

ころもの色が少し変わったら裏返し、動かさずに1〜2分揚げる。さらにころがしながら、3〜4分揚げる。強めの中火にし、フライパンを傾けて油をため、油の中で鶏肉をころがしながらカリッとするまで揚げる。網などに取り出し、3〜4分おいて油をしっかりときる。器に盛り、好みの葉野菜を添える。

（⅓量で458kcal、塩分1.6g）

3. 油をかけて点火する

フライパンにサラダ油大さじ1を広げ、鶏肉をかるく握って形を整えながら、皮目を下にして並べ入れる。サラダ油大さじ3を全体に回しかけ、中火にかける。油の温度が上がってくつくつとするまで、そのままさわらずに4〜5分熱する。

2. 鶏肉に小麦粉をまぶす

鶏肉のボールに小麦粉½カップを加え、よくもみ込む。バットに小麦粉½〜⅔カップを広げて鶏肉を移し、1切れずつ握って小麦粉をまぶす。粉を2回に分けることで肉にしっかりはりつき、油が少量でもサクッと存在感のあるころもになる。

1. 鶏肉に下味をもみ込む

鶏肉は余分な脂肪を取り除き、2cm間隔で浅く切り込みを入れて筋を切る。6等分に切ってボールに入れ、下味の卵を割り入れて、しょうゆ、砂糖を加える。全体をよくもみ込み、室温に10分ほど置く。

ここ失敗しがち！
フライパンを傾けすぎると、引火することがあるので注意。また油がはねやすいので、あれば長めの菜箸を使って作業をしてください。

**後片づけは
ペーパータオル2枚で！**
フライパンに残った油は、揚げものをしたあととは思えないほど少量。ペーパータオル2〜3枚で拭き取れるので、片づけもラクチンです。

1. 鮭、さつまいもの下ごしらえをする

鮭はペーパータオルで水けを拭き取り、3つに切る。ボールに入れ、下味の材料を順に加えてそのつどもみ込み、室温に10分ほど置く。さつまいもはよく洗い、皮ごと長さを半分に切ってから、縦に4つ〜6つに切る。

2. 鮭、さつまいもに片栗粉をまぶす

鮭のボールにさつまいもを入れ、さっと混ぜる。片栗粉¼カップをふり入れ、全体によくからめる。バットに片栗粉¼カップを広げ、鮭、さつまいもを並べ入れ、1切れずつ全体にしっかりとまぶす。

3. 「油大さじ4」で揚げる

右記の作り方3、4を参照し、同様に鮭とさつまいもを揚げる。ただし、作り方3でフライパンのまわりに鮭、中心にさつまいもを並べると、縁にそって鮭を返しやすい。器に盛り、すだちを添える。　（1人分481kcal、塩分1.4g）

材料（2人分）

生鮭の切り身 …… 2切れ（約240g）

さつまいも …… ½本（約150g）

下味

　しょうゆ …… 大さじ1

　砂糖 …… 小さじ2

　しょうがのすりおろし …… 1かけ分

すだちのくし形切り …… 適宜

片栗粉　サラダ油

香ばしく揚がった鮭をほおばれば、しっとりとした食感に驚くはず！甘いさつまいも、絶妙な箸休めに。

鮭の竜田揚げ

油 大さじ4で

ベーシックなとんカツも、この手法なら
確実にしっとり、ジューシーに！
さっぱりとしたおろしポン酢でめしあがれ。

メンチカツ

肉のうまみを堪能できる、分厚いメンチカツ！
粗く刻んだ玉ねぎが食感のアクセントに。

1. 材料の下ごしらえをする

玉ねぎは8mm四方に切り、塩小さじ½、水大さじ2をからめて10分ほどおく。ボールにバッター液の材料をよく混ぜる。バットにパン粉1カップを広げる。

2. たねを作り、バッター液、パン粉をまぶす

別のボールに残りのたねの材料を入れ、粘りが出るまでよく練り混ぜる。**1**の玉ねぎを水けを絞って加え、よく混ぜ合わせる。4等分にし、直径8〜10cmの円形に成形する。1つずつバッター液にくぐらせ、パン粉をしっかりとまぶす。

3. 「油大さじ4」で揚げる

P84の作り方**3**、**4**を参照し、同様に揚げる。ただし作り方**4**の最後に、メンチカツを立てて側面も揚げる。器に盛って好みの野菜を添え、ウスターソース適宜をかける。　（1人分511kcal、塩分2.1g）

材料（2人分）

たね
| 豚ひき肉……200g
| 玉ねぎ……½個（約100g）
| 小麦粉……大さじ2
| みそ……大さじ½

バッター液
| 溶き卵……1個分
| 小麦粉……大さじ4

好みの野菜（キャベツ、きゅうりなど）
　……適宜
塩　パン粉　サラダ油
ウスターソース

材料（2人分）

豚ロース肉（とんカツ用）
　……2枚（約250g）
バッター液
| 溶き卵……1個分
| 小麦粉……大さじ4
キャベツのせん切り、大根おろし
　……各適宜
ポン酢しょうゆ……適宜
塩　こしょう　パン粉　サラダ油

1. 豚肉、バッター液の下ごしらえをする

豚肉はまな板に並べてラップをかぶせ、こぶしで30回くらいたたいてひとまわり大きくする。塩小さじ¼、こしょう少々をまぶす。ボールにバッター液の材料をよく混ぜる。

2. 豚肉にバッター液、パン粉をまぶす

バットにパン粉2カップを広げる。豚肉を1枚ずつバッター液にくぐらせながらよくからめ、パン粉にのせる。パン粉を全体にふって手でかるく押さえながら、しっかりとまぶす。

3. 「油大さじ4」で揚げる

P84の作り方**3**、**4**を参照し、同様に豚肉を揚げる。ただし作り方**4**の最後に、豚肉を立てて側面を揚げる。食べやすく切り、キャベツとともに器に盛る。大根おろしを添え、ポン酢をかける。　（1人分570kcal、塩分1.8g）

使う油は「大さじ2」だけ。
南蛮漬け、揚げない宣言！

南蛮漬けは好きだけど「具材を〈揚げる〉のがめんどう」という皆さんに、オレぺから朗報！　じつは揚げなくても、コツさえ守ればおいしさをキープできるんです！　酸っぱすぎないはちみつレモンだれの黄金配合も、ぜひお試しください。

料理／重信初江
撮影／鈴木泰介
スタイリング／深川あさり
熱量・塩分計算／本城美智子

肉や魚が主役の南蛮漬けは、揚げる代わりに「ムニエル」に。粉をまぶしてからりと香ばしく焼けば、素材のうまみをしっかり閉じこめられますよ。

レモンだれの酸味と、みょうがやセロリの香りでさっぱりと。

あじと香味野菜の**南蛮漬け**

1.具材とたれの下ごしらえをする

あじは水けをしっかり拭いて小骨を除き、大きめの一口大に切る。セロリは筋を取り、きゅうりとともにピーラーで薄切りにする。パプリカはへたと種を取り、横半分に切って縦に薄切りにする。みょうがは小口切りにする。バットにははちみつレモンだれの材料を入れてよく混ぜ、セロリ、きゅうり、パプリカ、みょうがを加える。

2.あじを焼いて漬ける

あじに小麦粉大さじ2をまぶしつける。フライパンにサラダ油大さじ2を弱めの中火で熱し、あじを身を下にして並べ、両面を2〜3分ずつ焼く。熱いうちに**1**のバットに加え、15分ほど漬ける。

（¼量で171kcal、塩分1.1g）

材料（3〜4人分）
あじ（三枚におろしたもの）……3尾分
セロリの茎……1本分（約80g）
きゅうり……2本（約200g）
黄パプリカ……½個
みょうが……2個
はちみつレモンだれ
| はちみつ……大さじ1
| 水……1カップ
| レモン汁……1個分（大さじ3）
| しょうゆ……大さじ1½
| 塩……小さじ½
小麦粉　サラダ油

材料（3〜4人分）

豚ロース薄切り肉……300g
サニーレタスの葉（大）
　　……2〜3枚（約100g）
にんじん……⅓本（約50g）
万能ねぎ……5〜6本（約30g）
P89の「はちみつレモンだれ」の材料
　　……全量
小麦粉　ごま油

1. 野菜の下ごしらえをして漬ける

サニーレタスは大きめの一口大にちぎる。にんじんは皮をむいて縦にせん切りに、万能ねぎは長さ2cmに切る。はちみつレモンだれの材料をバットに入れ、サニーレタス、にんじん、万能ねぎを加える。

2. 肉を焼いて漬ける

豚肉は長さを半分に切り、1切れずつ広げて小麦粉大さじ2をまぶす。フライパンにごま油大さじ2を中火で熱して肉を並べ入れ、両面を2〜3分ずつ焼く。熱いうちに1のバットに加え、15分ほど漬ける。　　　　（¼量で292kcal、塩分1.0g）

香ばしく焼いたボリューム満点の豚ロース肉を、
サニーレタスがさっぱりとサポート！

豚肉とサニーレタスの南蛮漬け

シャキッと炒めたいんげんと、ジューシーな
プチトマトは相性抜群。にんにくチップで
パンチを加え、イタリアンな仕上がりに。

いんげんとプチトマトの 南蛮漬け

材料（3〜4人分）

さやいんげん……120g

プチトマト……1パック（約150g）

にんにくの薄切り……1かけ分

P89の「はちみつレモンだれ」の材料……**全量**

オリーブオイル

1. 野菜と漬け汁の下ごしらえをする

いんげんはへたを切り、長さを半分に切る。プチトマト
は水けがあれば拭く。はちみつレモンだれの材料をバ
ットに入れる。フライパンにオリーブオイル大さじ2とに
んにくを入れ、中火にかける。薄く色づくまで1分ほど
炒めて、たれに加える。

2. 野菜をソテーして漬ける

1のフライパンにいんげんを入れ、強めの中火で2分ほ
ど炒め、色が鮮やかになってきたらプチトマトを加える。
皮がはじけるまでさらに30秒ほど焼いて、熱いうちに**1**
のバットに加え、15分ほど漬ける。

（¼量で87kcal、塩分0.9g）

野菜は「ソテー」すればいい！

1. 野菜の下ごしらえをして漬ける

なすはへたを切り、幅2〜3mmの
輪切りにする。ポリ袋に水1カッ
プ、塩大さじ½を入れ、塩水を
作る。なすを15分ほど漬け、かる
くもんでから水けを絞る。トマトは
へたを取って一口大の乱切りに
する。はちみつレモンだれの材料
をバットに入れ、なす、トマトを加
える。

2. 肉を焼いて漬ける

鶏肉は大きめのそぎ切りにし、小
麦粉大さじ2をまぶす。フライパン
にごま油大さじ2を中火で熱して
肉を並べ入れ、両面を2〜3分ず
つ焼く。熱いうちに**1**のバットに加
え、15分ほど漬ける。

（¼量で298kcal、塩分1.5g）

材料（3〜4人分）

鶏胸肉……2枚（約400g）

なす……3個（約270g）

トマト……1個（約180g）

P89の「はちみつレモンだれ」の材料
……**全量**

塩　小麦粉　ごま油

パサつきがちな鶏胸肉も、
ころもをつけて焼けばしっとり！
なすは塩もみすると、
たれを吸ってジューシーに。

鶏胸肉となすの 南蛮漬け

「油大さじ2」と
みつで煮る
だけ⁉
揚げない
大学いも

外はカリッ、中はほくほくの食感がたまらない大学いも。いつでも気軽に作れるよう、フライパンに材料を全部入れて煮る画期的な方法をご紹介。使う油がたった大さじ2と少量だから、片づけもラクチンですよ。

料理／鈴木薫
撮影／キッチンミノル
スタイリング／浜田恵子
熱量・塩分計算／本城美智子

フライパンに材料を入れたら、
完成までなんと10分ちょっと。
いもにみつがからまるにつれ、
油だけが分かれていくから不思議！

材料（作りやすい分量）
さつまいも（小）……1本（約200g）
みつ
| 砂糖……大さじ2
| しょうゆ……小さじ1
| サラダ油……大さじ2
トッピング
　黒いりごま……適宜

下準備
●さつまいもはよく洗って皮ごと一口大の乱切
　りにし、水に5分ほどさらしてよく水けをきる。

ここ失敗しがち！
この加熱時間でいもの中まで火を通した
いので、切るサイズは重要！　一辺4cmく
らいを目安にしてください。

3.みつが からまった！

みつが煮つまってとろみがつ
き、さつまいもの表面にしっか
りからんだところ。こうなった
ら火を止める。

1.フライパンに 材料を投入

直径22cmのフライパンにみつ
の材料を入れ、ざっと混ぜる。
さつまいもを重ならないよう
に並べ入れる。

4.トッピングして 完成♪

いもを取り出し、揚げ網にの
せて油をきる（フライパンには
油だけが残る）。余分な水分
をとばしながら粗熱を取り、
表面をパリッとさせる。器に
盛り、トッピングする。
（全量で568kcal、塩分0.9g）

2.ぶくぶく 泡立ってきた～

フライパンを中火にかけ、そ
のまま加熱する。みつが温ま
ってぶくぶくと泡立ってきた
ら、ときどき返しながら8～9
分煮る。最後の1分は焦げや
すいので、様子をみて火加減
を調整して。

生クリーム入りのみつが
徐々にキャラメルソースに変化！

塩キャラメル

材料（作りやすい分量）

さつまいも（細めの乱切り）…… 小1本（約200g）

みつ

| 砂糖 …… 大さじ3
| 生クリーム …… 大さじ2
| 塩 …… 小さじ⅓
| サラダ油 …… 大さじ2

トッピング

ミックスナッツ（有塩・刻む）…… 大さじ2〜3

（全量で723kcal、塩分2.0g）

【4点共通の作り方】P93の下準備と作り方
を参照し、いもの切り方と材料を替えて同様に
作ってください（「黒糖しょうが」を除く）。

柿の種とあえて。

塩けのある柿の種がいいアクセントに。みつが固まる前に
フライパンに加え、手早く混ぜるのがコツ。

こんな食べ方も楽しい！

アイスクリームを添えて。

専門店でも見かける、間違いない食べ方！
大学いもの甘じょっぱさと、クリーミーなアイスが相性抜群。

細く切ったいもは、カリッと堅め。
しょうがをぴりっときかせます。

黒糖しょうが

材料 (作りやすい分量)

さつまいも (幅5mmの細切り)
　……小1/2本 (約100g)
みつ
| 黒砂糖……大さじ3
| しょうがの細切り……10g
| サラダ油……大さじ2

※黒糖とサラダ油のみを強めの中火にかけ、煮立ったら
しょうがとさつまいもを加え、5分炒める。

(全量で588kcal)

メープルシロップの風味満点。
いもを太めに切り、ほくほく感を楽しんで。

メープルバター

材料 (作りやすい分量)

さつまいも (7mm角の棒状)
　……小1本 (約200g)
みつ
| メープルシロップ……大さじ3
| サラダ油……大さじ2
トッピング
　バター……大さじ1/2

(全量で696kcal、塩分0.1g)

はちみつのやさしい甘さを、
レモンの酸味でひきしめます。

はちみつレモン

材料 (作りやすい分量)

さつまいも (1.5cm角)……小1本 (約200g)
みつ
| はちみつ……大さじ3
| レモン汁……小さじ2
| サラダ油……大さじ2
トッピング
　レモン (国産) の皮の細切り……1/2個分

(全量で683kcal)

形を変えたり、みつを替えたり。

PART

3

sweets & bread

フライパンひとつで
パン＆スイーツ

まだまだ衰えないパンブームや、パンケーキの人気ぶり。
オレペでも、フライパンで手軽に作れるパンやスイーツは、
号別人気メニューランキングの1位に輝くこともあるほどです。
なかでも「フライパンちぎりパン」は、通算4回も特集したスーパー人気企画。
オレペオリジナルの簡単レシピ、試す価値アリです！

ホントに泡のように
ふわっふわでした♡

キャラメルソースと
バナナ。これぞ至福！

進化した
〈スフレ〉を
めしあがれ。

ふわとろパンケーキ

いまだブームが続いているパンケーキ。
なかでも最近話題なのが、ふわふわの先をいく
「ふわとろ」タイプなんです。
今回はこのとろける食感をめざすべく、
メレンゲにこだわった作り方をご紹介。
思わず笑顔になる最高の口溶けが味わえますよ。

料理／福田淳子
撮影／馬場わかな
スタイリング／阿部まゆこ
熱量・塩分計算／本城美智子

●直径16cm以上のフライパンを同時に2個使います。

ふわとろ
キャラメルバナナ
パンケーキ

口に入れたとたん、
泡のごとくシュワッと溶ける食感を
メレンゲで実現。
ほろ苦いキャラメルソースで、
全体の味をひきしめます。

生地を作る

STEP 1

①

卵を大きめのボールに割り入れ、黄身を手ですくって1個分を別のボールに入れる（卵白のボールは冷蔵庫で冷やしておく）。卵黄にヨーグルト、牛乳を加えて、泡立て器でよく混ぜる。薄力粉、ベーキングパウダーをふるって加え、均一に混ぜる。

③

①のボールに、メレンゲの1/2量を加えて泡立て器で混ぜる。ここでは、メレンゲが完全に見えなくなるまでよく混ぜておく。

②

卵白をハンドミキサーの高速で1分ほど泡立てる。角が立っておじぎをするくらいになったら、グラニュー糖を加える。高速でさらに2分ほど泡立て、できるだけ堅いメレンゲを作る。

④

ゴムべらに持ち替えて、残りのメレンゲを加える。泡をつぶさないよう、底からすくい上げるようにしながら手早く混ぜる。全体にメレンゲを残した状態で混ぜるのをやめる。

ここ失敗しがち！
たっぷりと空気を含んだ堅いメレンゲを作っておくのが、ふわとろ食感の決め手。ボールを逆さにしても落ちない堅さになればOKです。

98

下準備

- 卵は使う直前まで冷蔵庫で冷やしておく。
- バナナは幅1cmの斜め切りにする。
- ホイップクリームを作る。ボールに生クリーム（½カップ）を入れ、底を氷水に当てる。泡立て器で、小さな角が立つくらい（八分立て）まで泡立てる。ラップをかけ、冷蔵庫に入れておく。
- キャラメルソースを作る。生クリームは常温にもどしておく。小鍋にグラニュー糖と水を入れ、かるく混ぜる。弱火にかけて、鍋を揺すりながら溶かす。全体が濃い茶色になったら火を止め、生クリームを加えて混ぜ、そのままさます。

材料（1人分・直径約12cmのもの2枚分）

トッピング

- バナナ ⋯⋯ 1本
- 生クリーム ⋯⋯ ½カップ

キャラメルソース

- グラニュー糖 ⋯⋯ 50g
- 水 ⋯⋯ 小さじ2
- 生クリーム ⋯⋯ ¼カップ

粉砂糖 ⋯⋯ 適宜

バター ⋯⋯ 5g

生地

- 卵黄 ⋯⋯ Mサイズ1個分
- プレーンヨーグルト ⋯⋯ 30g
- 牛乳 ⋯⋯ 20mℓ
- 薄力粉 ⋯⋯ 30g
- ベーキングパウダー ⋯⋯ 小さじ½

メレンゲ

- 卵白 ⋯⋯ Mサイズ2個分
- グラニュー糖 ⋯⋯ 大さじ1

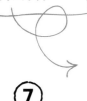

ここ失敗しがち！
とにかく空気が多い生地なので、勢いよくひっくり返すとしぼむ原因に。フライパンを近づけてそっと返し、盛りつけるときもそっと皿にのせるようにします。

フライパン2個で焼く

STEP 2

⑦

コンロに戻し、ふたをしてとろ火（ごく弱火）で8分ほど焼く。泡がつぶれないよう、フライパンを傾けて近づけながらそっと裏返し、ふたをしてさらに1〜2分焼く。ふたがない場合は、鍋などのふたで代用する。

⑤

フライパン2個を、同時に2分ほど中火で熱する。焼いてから時間をおくと、生地の泡がしぼんでしまうので、フライパンを2個使って2枚同時に焼き上がるようにする。

⑧

そっと2枚重ねて器に盛り、バナナの⅔量をのせ、さらにホイップクリーム適宜をのせる。残りのバナナをのせ、茶こしを通して粉砂糖をふり、キャラメルソース適宜をかける。

（983kcal、塩分0.8g）

⑥

フライパンをいったんコンロからおろし、ぬれぶきんにのせる。バターをそれぞれに½量ずつ溶かし、生地を½量ずつスプーンでこんもりとのせる。

スプーンですくえるほど柔らかいと話題の「ティラミスパンケーキ」。
マスカルポーネチーズを加え、リッチな生地に。

ふわとろティラミスパンケーキ

材料（1人分・直径約12cmのもの2枚分）

トッピング

マスカルポーネクリーム（memo 参照）、
　ココアパウダー、好みでコーヒーシロップ
　（memo 参照）……各適宜
あればミントの葉……適宜

バター……5g

下準備

●卵は使う直前まで冷やしておき、P98の作り方①
　を参照して白身と黄身に分ける。卵白のボールは
　冷蔵庫で冷やしておく。

生地

卵黄……Mサイズ1個分
マスカルポーネチーズ……30g
グラニュー糖……大さじ½
薄力粉……大さじ1
ベーキングパウダー……小さじ½

メレンゲ

卵白……Mサイズ2個分
グラニュー糖……大さじ1

これってもうカフェの
クオリティだよね！

途中からコーヒーシロップで
ほろ苦くするとうまいなあ。

シ
ロ
ッ
プ
と
**粉
砂
糖**
で
シ
ン
プ
ル
に
食
べ
て
も
。

「ふわとろ感」をそのまま味わいたいなら、あえてトッピングせずに仕上げるのもアリ。フルーツやクリームでパンケーキがさめることなく、温かいまま食べられるので、スフレの感じがいっそうよく実感できます。

ホットプレートを使えば、2人分（4枚）のパンケーキが一度に焼けます。生地の分量は変えずに、少し小さいサイズで。ホットプレートを180℃に予熱してバターをひき、ふたをして4分、裏返してふたをし、さらに1〜2分焼いてでき上がり。

ホ
ッ
ト
プ
レ
ー
ト
で
4
枚
同
時
に
焼
い
て
も
。

生地を作る

卵黄のボールにマスカルポーネチーズ、グラニュー糖を入れて泡立て器でよく混ぜる。薄力粉、ベーキングパウダーをふるいながら加えて、なめらかになるまで混ぜる。P98の作り方②〜④を参照して同様にメレンゲを作り、卵黄の生地と混ぜる。

フライパンで焼く

P99の作り方⑤〜⑦を参照して同様に焼く。ただし焼き時間は、生地を入れて7分、裏返して2分にする。

ここ失敗しがち！
チーズを混ぜた生地は泡が消えやすく、ゆるくなりやすいという特徴が。メレンゲを加えたあとは手早く焼いてください。

トッピングする

そっと2枚重ねて器に盛り、マスカルポーネクリームをのせる。茶こしを通してココアパウダーをふり、あればミントの葉をのせる。好みでコーヒーシロップをかけていただく。　　　　　　　　　（599kcal、塩分0.4g）

トッピングmemo

マスカルポーネクリーム
材料（1人分・50g分）と作り方
ボールに生クリーム30mℓとグラニュー糖小さじ1/2を入れ、泡立て器で、小さな角が立つくらい（八分立て）まで泡立てる。別のボールで、マスカルポーネチーズ20gをなめらかになるまで混ぜ、ホイップクリームを加えて混ぜる。
（225kcal）

コーヒーシロップ
材料（45mℓ分）と作り方
小鍋に、インスタントコーヒー小さじ1、グラニュー糖大さじ1、水大さじ3を入れて混ぜ、中火にかける。煮立ったら1分ほど煮つめ、さます。　　（全量で49kcal）

料理／髙山かづえ
撮影／寺澤太郎
スタイリング／諸橋昌子
熱量・塩分計算／五戸美香（ナッツカンパニー）

発酵ありの
ふんわり
生地！

フライパンで 70分ちぎりパン

丸い生地がポコポコつながった、愛らしい見た目が人気のちぎりパン。
今回は、発酵させるのも焼くのも「フライパンひとつ」でできる特製レシピをお届けします。
こね始めから焼き上がりまでなんと70分！　食べたいときに、いつでも焼きたてを楽しめますよ。

ほんのり甘く、飽きのこない素朴な味わいが魅力。
焼きたてはもちろん、さめても
ふんわり、もっちり食感が楽しめます。

基本のちぎりパン

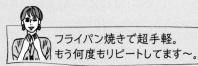
フライパン焼きで超手軽。
もう何度もリピートしてます〜。

材料（直径20cmのフライパン1個分）

強力粉……220g
砂糖……30g
塩……小さじ½
牛乳……130g
ドライイースト……6g
バター……20g

ここ失敗しがち！
今回使用しているフライパン
は、直径20cmのものです。
26cmのもので焼くと、うまく焼
けないので要注意。また側面
の立ち上がりが垂直に近いほ
うが、きれいな形になります。

生地をこねて丸める

12分

①

材料を混ぜる
耐熱容器に牛乳を入れ、ラッ
プをかけずに電子レンジで
40秒ほど加熱し、人肌程度
に温める。ドライイーストを
加え、さっと混ぜる（溶けきら
なくてOK）。ボールに強力粉、
砂糖、塩を入れ、牛乳とドラ
イイーストを加えてゴムべら
で混ぜる。粉っぽさがなくな
ったら、手でひとまとめにす
る。

②

こねる
作業台に①の生地を取り出
す。手のひらのつけ根で、体
重をかけて向こう側に押しの
ばし、手前に折りたたんで、
生地を90度回転させる。表
面がなめらかになるまで、こ
の作業を4分ほど繰り返す。

③

a **b**

バターをなじませる
耐熱容器にバターを入れ、ラップをかけずに電子レンジで
20秒ほど加熱する（溶けきらなくてOK）。②の生地をボール
に戻し、バターを加え、生地を外側にひっぱりながらなじま
せる（**a**）。作業台に生地を取り出し、表面がなめらかになるま
で、②と同様にさらに4分ほどこね、丸める（**b**）。

④

a **b**

丸める
③の生地を4等分に切る。生地の縁をつまんで中央に寄せ
（**a**）、閉じ目を下にして手のひらにのせる。手のひらの側面を
閉じ目に当てながら上から下へ動かし、生地をころがすように
して丸める（**b**）。

ふんわり甘いから、子どもたちが
あっという間に食べました！

20分

一次発酵させる

フライパンに水大さじ1を入れてからオーブン用シートを敷き、❹の生地を閉じ目を下にして並べる。ふたをして、とろ火（ごく弱火）で1分加熱して火を止め、そのまま20分ほどおく。生地が1.5倍ほどにふくらんだら、一次発酵終了。作業台に生地を取り出して4つ重ね、上から手のひらで押してガスを抜く。

15分

二次発酵させる

❺の生地を計量して16等分に切り、❹と同様に丸める。フライパンとオーブン用シートの水けを拭き取り、生地を閉じ目を上にして並べ入れる。ふたをして、とろ火で1分加熱して火を止め、そのまま15分ほどおく。生地が1.5倍ほどにふくらんだら、二次発酵終了。

ちぎり、

焼きたてほかほか

ちぎりパン劇場

はじまり
はじまり～

フライパンで焼く

フライパンのふたをしたまま、とろ火にかけ、10〜15分焼く。フライパンよりひとまわり大きい皿に、オーブン用シートごとずらして取り出す。

10分

ここ失敗しがち！
フライパンの厚みやコンロによって、焼きかげんが変わってきます。まずは10分焼いたところで一度様子をみて。

裏返してさらに焼く

皿にフライパンを上からかぶせ、全体の上下を返す。シートをはずし、ふたをして再びとろ火で8分ほど焼く。網などの上に取り出し、粗熱を取る。
（¼量で294kcal、塩分0.6g）

8分

フ
ラ
イ
パ
ン
で
焼
く
！

おしまい

もらっていい？

最後のひとつ……

あっという間に

ちぎりパン。

ちぎられ、

シナモン風味の生地にレーズンがぴったり。
アイシングでおめかしして、おしゃれなおやつパンに。

シナモンレーズンちぎりパン

大好きなシナモンロールの味！

材料（直径20cmのフライパン1個分）

P103の「基本のちぎりパン」の材料 …… 全量
シナモンパウダー …… 小さじ½
レーズン …… 80g
アイシング
┌ 粉砂糖 …… 30g
└ 水 …… 小さじ½～1
アーモンドスライス …… 大さじ1（約6g）

① 生地に具を加えて、焼く

P103～105の作り方を参照し、同様に作って焼く。ただし、強力粉にシナモンパウダーを加え、③でこね終えた生地を平らにしてレーズンをのせる。生地を折りたたんで包み込み（**a**）、ひっぱって丸めながら、台に残ったレーズンもくっつけて混ぜ込む（**b**）。

② 仕上げる

フライパンでアーモンドを2～3分からいりする。アイシングの材料を小さめのポリ袋に入れ、もみ混ぜる。袋の一方の端を少し切り、焼き上がったパンの表面に線を描くようにアイシングをかけて（**c**）、アーモンドを散らす。

（¼量で393kcal、塩分0.6g）

a

b

ここ失敗しがち！
レーズンを完全に生地の中に混ぜ込んでしまうと、見た目が地味な印象に。外側にもくっついているほうが、かわいく仕上がります。

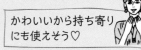

かわいいから持ち寄りにも使えそう♡

材料（直径20cmのフライパン1個分）

P103の「基本のちぎりパン」の材料
　……**全量**
ホールコーン（缶詰）……100g
ピザ用チーズ……60g

生地を作り、具を加える

コーンは缶汁をきって
ペーパータオルで包
み、汁けをしっかり拭
き取る。P103の作り
方①〜④を参照し、
同様に生地を作る。た
だし、③でこね終えた

生地を平らにしてコーンをのせる。生地
を折りたたんで包み込み、ひっぱって丸
めながら、台に残ったコーンもくっつけ
て混ぜ込む。

チーズを散らして、焼く

P104〜105の作り方
⑤〜⑧を参照し、同様
に発酵させて焼く。た
だし、片面を焼いて皿
に取り出したら、チー
ズの⅔量を散らす。フ

ライパンをかぶせて上
下を返し、生地のまわりに残りのチーズ
を入れる。（¼量で370kcal、塩分1.0g）

ここ失敗しがち！
生地のまわりのチーズは、なる
べく底のほうに落とすと、パリッ
と香ばしく焼けます。

チーズをたっぷり散らし、パリパリの〈羽根〉をつけて。コーンの甘みと相性抜群！

コーンチーズちぎりパン

フライパンでナンが焼けた!

もっちり感&香ばしさに感動

インド料理店で食べるナンは、香ばしくってふんわり、もっちり。
あの極上のおいしさが、じつはおうちでも味わえるんです。
生地はイーストを使った本格派ですが、焼くのはフライパンという
お手軽レシピ。食べればやみつきになること必至ですよ。

料理／舘野鏡子　撮影／澤木央子　スタイリング／本郷由紀子
熱量・塩分計算／五戸美香 (ナッツカンパニー)

ほんとにふんわり焼けて感動!

窯じゃなくて
フライパンでー?

給食でたべてるから
すきだよ〜。

② 発酵させる!

生地をかるく丸めてポリ袋 (35×30cmくらい) に入れ、空気を含ませてから袋の口を輪ゴムで閉じる。そのまま室温 (できれば暖かいところ) に30分ほど置き、発酵させる。生地がひとまわり大きくなるのが目安 (写真・下)。

発酵は「一時停止」できる!
冷蔵庫へ入れれば、発酵を2〜3時間ストップできます。再び作りはじめたいときは袋ごと室温に取り出し、残りの発酵時間＋5〜10分おいて。

① こねる!

材料 (長さ約18cmのもの4枚分)

強力粉 …… 200g
砂糖 …… 大さじ1
ドライイースト …… 小さじ1
塩 …… 小さじ½
溶かしバター※ …… 10g
ぬるま湯 (30℃くらい) …… 150mℓ
仕上げ用のバター …… 適宜
打ち粉用の強力粉 …… 適宜

※バターを耐熱容器に入れ、ラップをかけずに電子レンジで20秒ほど加熱する。

焼いたナンは冷凍できる!
1枚ずつラップで包み、冷凍用保存袋に入れて冷凍します。食べるときは自然解凍 (または電子レンジで1分加熱) し、オーブントースターで3〜4分焼いて。

1. ボールに強力粉を入れる。くぼませたところに砂糖、ドライイーストを入れ、塩、溶かしバターをイーストと離して加える。イーストをめがけてぬるま湯を注ぎ、周囲の粉を少しずつ巻き込むように混ぜる。つかむように混ぜ、生地を持ち上げられるようになるまでこねる (写真・上)。
2. 生地の端をつかみ、ボールの底に強めにたたきつける。これを、ときどき生地をたたんでつかむ場所を変えながら、5分ほど繰り返す。表面がなめらかになり、ボールにくっつかなくなったらOK (写真・下)。

手作りナン

外は香ばしく、中は「ふわもち」の驚きのおいしさ! ボールの中でこねられ、作業台がいらないのもうれしいところ。

③
やすませる！

まな板にかるく打ち粉をし、生地を4等分に切る（生地がべたつくようならしっかりと打ち粉をする）。1切れを持ち、切り口の面が表面になるよう生地のまわりをひっぱる。手のひらにのせ、ころがしながら丸める。残りも同様にする。バットに並べ、堅く絞ったぬれぶきんをかぶせ、室温で10～15分やすませる。

④
のばす！

再びまな板に打ち粉をする。生地1個を置き、生地の手前半分を手でかるくころがす。そのままめん棒で厚さ7～8mm、長さ20cmくらいのしずく形にのばす。残りも同様にする。

⑤
焼く！

1. フライパンに油をひかずに、生地2枚を並べ入れる。生地の表面全体を指で押しつけてくぼませながら、形を整える（写真下）。
2. ふたをして強火にかけ、30秒ほど焼く。弱めの中火にし、4分ほど焼いて裏返す。ふたをせずにさらに4分ほど焼き、熱いうちにバターを塗る。残りの2枚も同様にする。

（1枚分228kcal、塩分0.8g）

ちぎると、こくたっぷりのチーズがとろ〜り!

チーズinナン

材料(1枚分)と作り方

P110〜111の材料と作り方を参照し、同様にする。ただし作り方④のあと、生地1枚の縦半分(周囲を1cmほど残す)にピザ用チーズ30gをのせ、縦半分に折る。生地の合わせ目を指でギュッと押しつけ、しっかりと閉じる。そのままめん棒で厚さ1.5cmくらいのしずく形にのばす。仕上げのバターは塗らない。　　　(327kcal、塩分1.4g)

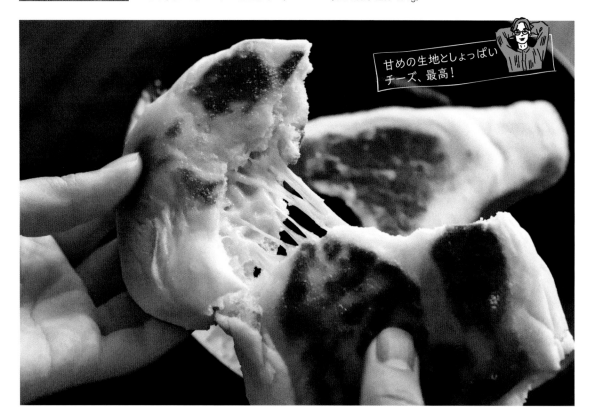

甘めの生地としょっぱい
チーズ、最高!

小気味よい食感とほどよい塩けがアクセント。

ミックスナッツナン

材料(1枚分)と作り方

P110〜111の材料と作り方を参照し、同様にする。ただし作り方④のあと、生地1枚の表面にミックスナッツ(有塩・粗く刻む)20gを散らし、やや強めにめん棒をころがしてナッツを埋め込む。仕上げのバターは塗らない。　　　(332kcal、塩分0.9g)

ケチャップをベースにした、大人も子どもも食べやすい味！

ごろごろ豆のキーマカレー

にんじんは皮をむき、玉ねぎとともに粗いみじん切りにする。フライパンにサラダ油小さじ2を弱火で熱する。にんにく、しょうがを香りが立つまで炒め、にんじん、玉ねぎを加えて2〜3分炒める。ひき肉を加えて弱めの中火にし、肉の色が変わるまで炒める。

カレー粉と、小麦粉小さじ2を加えて2〜3分炒める。ケチャップ大さじ5を加えて強めの中火にし、1分ほど炒める。煮汁の材料と、大豆を水けをきってから加え、さっと混ぜる。煮立ったらふたをして弱火にし、ときどき混ぜながら7〜8分煮る。

（1人分274kcal、塩分1.4g）

材料（4人分）

合いびき肉 …… 250g
にんじん …… 2/3本（約100g）
玉ねぎ …… 1個
大豆の水煮（缶詰）…… 120g
にんにくのみじん切り …… 1かけ分
しょうがのみじん切り …… 1かけ分
カレー粉 …… 大さじ1 2/3〜2
煮汁
| 白ワイン（なければ酒）…… 大さじ1
| ウスターソース …… 小さじ1
| 塩 …… 小さじ1/4
| 水 …… 1/2カップ
サラダ油　小麦粉　トマトケチャップ

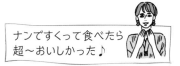

ナンですくって食べたら
超〜おいしかった♪

簡単なのに
本格味!

食パン de カレーパン

大人も子どもも愛してやまないカレーパン。今回は食パンを華麗に変身させる、
目からウロコの簡単な作り方をお届けします。揚げたてサクサクのおいしさをおうちでも楽しんでみて♪

料理／みなくち なほこ　撮影／公文美和
スタイリング／朴 玲愛　熱量・塩分計算／本城美智子

パンを
ごろごろ……

食パンをまな板にのせ、めん棒をころがして、厚みが5mmくらいになるまでのばす。こうすると、パンが堅く詰まった感じになり、油の吸いすぎが防げる。

食パンにカレーをのせたらパタンと折って留めるだけ。カレーもレンチンだから超簡単！

基本の
カレーパン

材料（4個分）

食パン（8枚切り）……4枚

キーマカレー

合いびき肉……30g

カレールウ（包丁で刻む）……10g

玉ねぎのみじん切り……大さじ1

しょうがのみじん切り……小さじ½

トマトケチャップ……小さじ½

水……¼カップ

ころも

溶き卵……1個分

パン粉……大さじ5

サラダ油

下準備

● 食パンはみみを四辺とも包丁で切り落とす。

● キーマカレーを作る。耐熱の器に材料をすべて入れて混ぜる。ふんわりとラップをかけ、電子レンジで3分ほど加熱し、混ぜる。

カレーをのせて
パタン！

カレーの¼量をパン1枚の手前半分の中央にのせ、パンの縁に水をつけたら半分に折る。残りも同様にする。

まわりをギュッ

パンの切り口三辺を箸でしっかり押さえ、カレーがはみ出ないようにする。裏側も同様にし、パンに溶き卵、パン粉の順にころもをつける。

形は四角いけど、まさにあの味！

食パンでできるから、やる気になるね。

揚げたらでき上がり！

フライパンにサラダ油を高さ1〜2cm入れて中温※に熱し、両面を揚げ色がつくまで1分ほどずつ揚げて油をきる。

（1個分244kcal、塩分0.9g）

※170〜180℃。乾いた菜箸の先を底に当てると、細かい泡がシュワシュワッとまっすぐ出る程度。

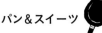

食パン de カレーパン、

1

割ると流れ出す
あつあつチーズにご注意‼
とろ〜りチーズ

材料（4個分）と作り方
P115の材料と下準備、作り方を参照し、同様に作る。ただし作り方②で、カレーの上にスライスチーズ（溶けるタイプ）1枚ずつを3つ折りにしてのせる。

（1個分305kcal、塩分1.4g）

サプライズが楽しい〜。
チーズで盛り上がりました。

磯の香りただよう和素材と奇跡のコラボ♪
ちくわの磯辺ドッグ

材料（4個分）と作り方
P115の材料と下準備、作り方を参照し、同様に作る。ただし作り方②で、カレーの上に、長さを半分に切ったちくわ1本分ずつを端から出るようにのせ、三辺をしっかり閉じる。また、ころものパン粉を、パン粉大さじ4、青のり大さじ1⅓を混ぜたものに替える。

（1個分291kcal、塩分1.5g）

2

4

はみ出したソーセージは
まるでホットドッグ!?
ソーセージドッグ

材料（4個分）と作り方
P115の材料と下準備、作り方を参照し、同様に作る。ただし作り方②で、カレーの上にソーセージ1本ずつをのせ、三辺をしっかり閉じる。仕上げにトマトケチャップ、フレンチマスタード各適宜をかける。
（1個分348kcal、塩分1.8g）

カットしたみみをくっつけて、
リサイクル＆食感UP！
ざくざくみみクルトン

材料（4個分）と作り方
P115の材料と下準備、作り方を参照し、同様に作る。ただし、下準備でカットしたみみ6本をみじん切りに、残りを幅7〜8mmに切り、ころものパン粉の代わりにする。
（1個分274kcal、塩分1.0g）

3

もし長〜い具をはさんでみたら？
クルトンをころもにしたら？
カレーパンの具やころもを替え、
自由な発想で華麗に変身させます。

5つの大変身！

5

うずらの卵をイン☆
マイルドさはピカイチ。
とろとろエッグ

材料（4個分）と作り方
P115の材料と下準備、作り方を参照し、同様に作る。ただし作り方③で、左右二辺の切り口を箸で押さえる。うずらの卵4個を小さめの容器に1個ずつ割り入れる。開いている口に1個ずつ流し入れ、卵が流れないように気をつけながら、切り口を箸で押さえて閉じる。
（1個分260kcal、塩分0.9g）

「スキレット」で。

料理／みなくち なほこ
撮影／福尾美雪
スタイリング／浜田恵子
熱量・塩分計算／本城美智子

スキレットとは？

鋳鉄製の厚手のフライパン。ここ数年は直径16cm前後のミニタイプの人気が高まっています。保温性が高く、料理を温かいままキープできるのが特徴。また、焼き目がカリッと香ばしく仕上がるのもメリット。

使うときの注意

熱したスキレットは、持ち手まで高温になっています。必ず鍋つかみなどを使用し、やけどに注意して。また、コンロ（五徳）のサイズによってはスキレットがぐらつくことがあります。焼き網などをのせ、安定させて使ってください。

カフェで行列の絶えない、
ドイツ風パンケーキ。
オーブンで焼くことで、縁はサクサク、
中はもちっと
シュー生地のような食感に。

ダッチベイビー
レモンシュガー風味

材料（直径16cmのスキレット1個分）

生地
- 薄力粉……40g
- 塩、砂糖……各ひとつまみ
- 牛乳……¼カップ
- 溶き卵……1個分

レモン（国産）の薄い輪切り……3枚
レモン（国産）の皮のすりおろし、
　レモン汁、粉砂糖……各適宜
バター

下準備
● オーブンを200℃に温めはじめる。

1. 生地を作る

ボールに、薄力粉、塩、砂糖を入れ、泡立て器でかるく混ぜる。牛乳を少しずつ加え、粉っぽさがなくなるまでそのつど混ぜる。溶き卵を加え、さらに混ぜる。

2. 生地を流し、
オーブンで焼く

スキレットを中火にかけ、1〜2分熱する。バター大さじ½を入れて溶かし、全体に広げて火からおろす。すぐに生地を流し入れ、200℃のオーブンで縁がきつね色になるまで15分ほど焼く。

3. レモン汁、粉砂糖をかける

粗熱が取れたら、レモン汁を回しかけ、粉砂糖をふり、レモンの皮を散らす。レモンの輪切りをのせる。　（全量で362kcal、塩分1.6g）

あこがれメニューは

大ブームの鉄製ミニフライパン「スキレット」。
これさえあれば、街で行列必至のカフェスイーツや、
ビストロや居酒屋で人気のメニューをおうちで再現できます。
そのままテーブルに出して、いまどきの食卓を楽しんで!

スキレットがすごく欲しくなった!

大行列のお店の
食べてみたかったやつ♪

材料（直径16cmのスキレット1個分）
肉だね
    豚ひき肉……90g
    にら……4本
    ねぎのみじん切り……10cm分
    しょうがのすりおろし……1かけ分
    酒、しょうゆ、片栗粉……各小さじ1
    ごま油……小さじ½
餃子の皮（大判）……12枚
のり
    小麦粉、水……各大さじ1
ごま油　ラー油　しょうゆ

このカリカリ感は鉄だから？
スキレットすごい！

なんか居酒屋みたいで
テンション上がるなー。

鉄鍋餃子

肉だねがたっぷり詰まった、
まあるいフォルムがそそる！
大きめの皮を使ってひだを寄せ、
むちむちっとした食感を出します。

1.肉だねを作る

にらは細かく刻んでボールに入れる。ひき肉、ねぎ、しょうが、酒、しょうゆ、片栗粉を加え、粘りが出るまで手でよく練り混ぜる。ごま油を加え、なじむまで混ぜる。

2.肉だねを包む

のりの材料を混ぜる。餃子の皮1枚の中央に**1**の¹⁄₁₂量をのせる。皮の縁に薄くのりをつけて半分に折る。片側ずつ中心に向かってひだを寄せ、口をギュッと押さえて閉じる。残りも同様にする。

3.蒸し焼きにする

スキレットに、ごま油大さじ¹⁄₂を中火にかけ、1～2分熱して餃子を並べ入れる。弱火で2～3分焼き、スキレットを傾けて油をしっかりときる。水大さじ1を加え、ふたをして（下記参照）、2分ほど蒸し焼きにする。

4.裏返してさらに焼く

皿をかぶせて手で押さえ（油がたれることがあるので注意）、スキレットごと返して皿にのせる。スキレットに戻し入れ、ごま油小さじ1を加えて2分ほど焼く。ラー油、しょうゆ各適宜をつけて食べる。

（全量で620kcal、塩分1.0g）

スキレットにふたをするときは？

スキレットよりひとまわり大きく切ったアルミホイルを用意。必ず鍋つかみをし、ホイルをかぶせて押さえ、スキレットの縁に密着させます。

1.メレンゲを作る

ボールに、卵白と、塩ひとつまみを入れる。泡立て器で2～3分泡立て、持ち上げると中にこもるくらいのしっかりとしたメレンゲを作る（P122作り方❶の写真参照）。

2.卵黄にメレンゲを加え、混ぜる

別のボールに卵黄と、マヨネーズ小さじ1を入れ、泡立て器でよく混ぜる。**1**の¹⁄₃量を加え、なめらかになるまでよく混ぜる。ゴムべらに持ち替えて残りの**1**を加え、泡をつぶさないようにさっくりと混ぜる。

3.焼く

スキレットにサラダ油大さじ¹⁄₂を中火にかけ、1～2分熱する。火からおろしてぬれぶきんにのせ、1分ほどさます。再びごく弱火にかけて**2**を流し入れ、表面をならして3～4分焼く。まわりが固まりはじめたら半分に折ってかるく押さえ、パセリを散らす。（全量で160kcal、塩分1.5g）

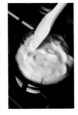

材料
（直径16cmのスキレット1個分）

卵白、卵黄……各1個分

パセリの粗いみじん切り……適宜

塩　マヨネーズ　サラダ油

スフレオムレツ

メレンゲをベースにしたふわふわの口当たりにうっとり！かくし味にマヨを使い、こくをプラスして。

下準備

- スキレット用の薄力粉は、茶こしでスキレットの底全体に薄くふる。
- 薄力粉とベーキングパウダーを混ぜ、万能こし器でふるう。
- 小鍋にバター30gを入れ、中火にかけて溶かす（溶かしバター）。
- オーブンを180℃に温めはじめる。

1. メレンゲを作る

ボールに卵白を入れ、泡立て器で手早く泡立てる。大きな泡が立ったら、メレンゲ用の砂糖の½量を混ぜる。きめが細かくなったら、残りのメレンゲ用の砂糖を加え、持ち上げると泡立て器の中にこもるくらいの堅さになるまで泡立てる。

2. 卵黄、砂糖を混ぜ、メレンゲを加える

別のボールに卵黄、砂糖を入れ、白っぽくなるまですり混ぜる。薄力粉とベーキングパウダー、牛乳をそれぞれ3回に分けて加え、そのつどよく混ぜる。ゴムべらに持ち替え、メレンゲの⅓量を加えてなじませる。残りのメレンゲを加え、泡をつぶさないよう、切るように混ぜる。溶かしバターを加え、なじませる。

3. スキレットに生地を流し入れて焼く

スキレットに**2**を流し、かるく作業台に落として空気を抜く。180℃のオーブンで焼き色がつくまで25分ほど焼く（15〜20分焼いたところで、焦げそうならアルミホイルをかぶせる）。

（¼量で269kcal、塩分0.4g）

材料（直径16cmのスキレット1個分）

メレンゲ
| 卵白 …… 2個分
| さとうきび糖（なければ砂糖）…… 30g

卵黄 …… 2個分

さとうきび糖（なければ砂糖）…… 30g

薄力粉 …… 100g

牛乳 …… 60㎖

ベーキングパウダー …… 小さじ½

スキレット用の薄力粉 …… 適宜

バター

卵のやさしい風味とふんわり食感に感動！
〈メレンゲ〉が極厚のカギなので、卵白をしっかり泡立てて。

極厚カステラ

すごい高さまでふくらんで感動（涙）。

わわ、これえほんでみたことある！

くるくる巻いたり、四角くしたり。

「卵焼き器」でケーキができた！

じつはスイーツ作りに重宝する道具、「卵焼き器」。
生地をくるくる巻くのが得意なのはもちろん、流した生地をそのまま焼けば、四角い「型」代わりに！
バウムクーヘンやチーズケーキなど、人気のケーキを手軽に作っちゃいましょう♪

料理／しらいし やすこ　撮影／田村昌裕　スタイリング／しのざき たかこ　熱量・塩分計算／五戸美香（ナッツカンパニー）

生地をくるくる巻いていく作業も、卵焼き器ならとってもスムーズ！
ホットケーキミックスにはちみつを加え、しっとりと仕上げます。

はちみつバウムクーヘン

くるくる巻いて

下準備

● チラシなどを卵焼き器の幅に切り、直径1.5〜2cmに丸める。アルミホイルで全体をおおい、しんを作る。サラダ油少々をしんの表面全体に薄く塗る。

● バターとはちみつを耐熱容器に入れ、ラップをかけずに電子レンジで40秒加熱して溶かす。

材料（卵焼き器〈幅14×奥行き18.5×高さ3cm〉1個分）

生地

バター（食塩不使用）……25g

はちみつ……大さじ3

卵……1個

牛乳……75mℓ

ホットケーキミックス……100g

サラダ油……適宜

すっごく巻きやすかった〜。さすが卵焼き器！

はちみつの素朴な甘み、おいしい！

バナナをしんにして、ココア生地をくるくる巻くだけ。
ホワイトチョコのデコとバニラアイスで、おめかしスイーツに。

チョコバナナロールケーキ

1. 生地を作る

ボールに卵と牛乳を入れて泡立て器で混ぜ、ホットケーキミックスを加えてまんべんなく混ぜる。さらに溶かしたバターとはちみつも加えて混ぜる。

2. 生地を流し、しんに巻きつける

卵焼き器を強めの中火で30〜40秒熱してから、ペーパータオルでサラダ油を薄く塗り、弱火にする。**1**の生地大さじ3を流し入れて全体に広げ、表面に小さな穴がぷつぷつとあいたら、卵焼き器の手前側にしんを置いて、奥まで生地を巻きつける。巻き終わったら取り出す。

3. 繰り返し焼いて巻く

2と同様にサラダ油を塗ってから生地を流し入れる。再び生地が乾きはじめたら、取り出したものを手前側に置き、これをしんにして同様に巻く。生地がすべてなくなるまでこの作業を繰り返す。

4. さましてしんを抜く

温かいうちにラップで包んでさまし、しんを回しながら抜く。端を1〜2cmずつ切り落とし、食べやすく切り分ける。

（1/5量で181kcal、塩分0.3g）

下準備

- バナナは、卵焼き器の幅に合わせて両端を切る。
- バターとはちみつを耐熱容器に入れ、ラップをかけずに電子レンジで40秒加熱して溶かす。

作り方

1. ボールに卵と牛乳を入れて泡立て器で混ぜ、ホットケーキミックスとココアパウダーを合わせてふるいながら加え、まんべんなく混ぜる。さらに溶かしたバターとはちみつも加えて混ぜる。右記の作り方**2**、**3**を参照し、同様に焼く。ただし、しんをバナナに替えて巻く。

2. チョコペンを湯につけて柔らかくする。ケーキの上部にチョコでランダムに線描きし、表面が固まるまで30分ほどおく。端を1〜2cmずつ切り落とし、切り分けて器に盛る。バニラアイスを添え、ココアパウダーをふる。

（1/5量で195kcal、塩分0.2g）

材料（卵焼き器〈幅14×奥行き18.5×高さ3cm〉1個分）

生地

バター（食塩不使用）	25g
はちみつ	大さじ2
卵	1個
牛乳	90ml
ホットケーキミックス	90g
ココアパウダー	10g

バナナ	1本
チョコペン（ホワイト）	1本
サラダ油	適宜
バニラアイスクリーム	適宜
ココアパウダー	適宜

巻き始め

焼く→巻く

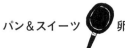

この細長さが
新鮮でかわいい♪

さっぱり軽やか。
いっぱい食べたくなる〜。

人気のベイクドチーズケーキも
卵焼き器で!
ヨーグルトを使い、
さっぱり軽めの味わいに。

スティック
チーズケーキ

材料 (卵焼き器〈幅14×
　　奥行き18.5×高さ3cm〉1個分)

生地

- クリームチーズ……200g
- 砂糖……大さじ5
- プレーンヨーグルト……50g
- レモン汁……大さじ1
- 溶き卵……1個分
- 薄力粉……80g
- ベーキングパウダー……小さじ⅓

サラダ油……適宜

粉砂糖……適宜

下準備

● クリームチーズは室温にもどし、柔らか
　くする。

● 卵焼き器よりもひとまわり大きいアルミ
　ホイルを卵焼き器にかぶせ、手で縁を
　折ってからはずし、焼くときに使うふた
　を作っておく(卵焼き器専用のふたがあ
　る場合は、それを使用してもOK)。

四角くして SQUARE CAKE

ほろ苦いビターチョコの生地に、とろふわのマシュマロで甘みをプラス。

マシュマロチョコブラウニー

1. 生地を作る

ボールにクリームチーズと砂糖を入れてゴムべらでなめらかになるまで混ぜる。ヨーグルト、レモン汁、溶き卵を加えてそのつどよく混ぜる。薄力粉とベーキングパウダーを合わせてふるい入れ、粉っぽさがなくなるまで混ぜる。

2. 生地を流して焼く

卵焼き器を強めの中火で30〜40秒熱してから、ペーパータオルでサラダ油を薄く塗る。1の生地を流し入れ、表面を平らに整える。弱火にしてアルミホイルのふたをかぶせ、8〜9分焼く（まわりは乾き、真ん中は半生の状態が目安）。バットを裏返し、オーブン用シートを敷いておく。

3. 裏返してさらに焼く

ふたを取り、バットを裏返してオーブン用シートを敷いたところに、生地をフライ返しですべらせて取り出す。生地に卵焼き器をかぶせ、バットを持ち上げて上下を返し（熱いので注意）、生地を戻し入れる。ふたをして弱火でさらに6分ほど焼き、取り出してさます。粉砂糖を茶こしを通してふり、幅2cmほどのスティック状に切り分ける。（1/8量で166kcal、塩分0.2g）

下準備

- 右記の下準備と同様にアルミホイルでふたを作る。
- ミックスナッツは、フライパンでからいりし、粗く刻む。
- チョコレートは細かく刻み、ボールにバターといっしょに入れ、湯せんにかけて溶かす。

作り方

1. 別のボールに卵と砂糖を入れ、砂糖が溶けるまでゴムべらで混ぜる。溶かしたチョコレートとバターを少しずつ加え、なめらかに混ぜる。

2. 薄力粉、ベーキングパウダー、ココアパウダーを合わせて1のボールにふるい入れ、粉っぽさがなくなるまで混ぜる。ナッツ25gを飾り用に取り分け、残りのナッツを加えてさっくりと混ぜる。

3. 右記の作り方2、3を参照し、同様に焼いて裏返す。ふたをして弱火でさらに2分ほど焼く。マシュマロ、取り分けておいたナッツ、チョコチップをのせ、さらに弱火で1〜2分焼く。さめたら四角く切る。
（1/12量で158kcal、塩分0.1g）

材料（卵焼き器〈幅14×奥行き18.5×高さ3cm〉1個分）

生地

板チョコレート（ビター）	50g
卵	1個
砂糖	30g
バター（食塩不使用）	80g
薄力粉	60g
ベーキングパウダー	小さじ1/4
ココアパウダー	大さじ2
ミックスナッツ（有塩）	60g
サラダ油	適宜
ミニマシュマロ	35g
チョコチップ	10g

ふたをして焼き

裏返して焼く

登場した料理をジャンル別にまとめ、肉はさらに種類ごとに分けて、ページ順に並べました。

ORANGE PAGE BOOKS

おうちごはん格上げレシピ❸

簡単なのに、ちゃんとして見える!

フライパンひとつで

2023年8月16日　第1刷発行

アートディレクション／山川香愛
デザイン／山川図案室
イラスト／徳丸ゆう
発行人／鈴木善行
編集担当／井上留美子

発行所／株式会社オレンジページ
　　　　〒108-8357　東京都港区三田1-4-28
　　　　三田国際ビル
　　　　電話　03-3456-6672(ご意見ダイヤル)
　　　　　　　03-3456-6676(販売 書店専用ダイヤル)
　　　　　　　0120-580799(販売 読者注文ダイヤル)

印刷・製本／凸版印刷株式会社　　Printed in Japan

https://www.orangepage.net

●本書は2019年刊行の
『「いま」作りたいものが全部ある!　フライパンひとつ
おかず、パン、スイーツ97品。』(小社)の
内容を一部改訂し、書籍化したものです。